1927 | 生死转折

金冲及 —— 著

社会科学文献出版社
SOCIAL SCIENCES ACADEMIC PRESS (CHINA)

恩格斯有一句名言："没有哪一次巨大的历史灾难不是以历史的进步为补偿的。"① 这是他以犀利的眼光，深入考察人类历史发展漫长进程得出的结论。

中国共产党在民主革命时期经历过两次巨大挫折：一次是 1927 年大革命失败，另一次是 1934 年第五次反"围剿"失败。这两次失败都称得上"巨大的历史灾难"。革命从热气腾腾的高潮，陡然跌入濒临溃败的低潮。反动势力气焰不可一世。社会上不少人以为中国共产党再也翻不过身来。事实恰恰相反。惨痛的失败深刻地教育了共产党人，他们从失败的惨痛教训中懂得了许多以前不明白的道理，重新考虑以后该怎么做，从而在极端困难中闯出一条新路，把革命推向更高的阶段。

———————————

① 《马克思恩格斯文集》第 10 卷，人民出版社，2009，第 665 页。

这样的历史性转变有时来得很快。国共关系全面破裂发生后半个多月，中国共产党便先后发动南昌起义和召开八七会议，走上独立开展土地革命和武装反抗国民党反动派的新道路。1934年10月第五次反"围剿"失败，中央红军被迫长征。3个月后，中共中央召开遵义会议，事实上确立了以毛泽东为核心的党中央领导，走上马克思主义普遍真理同中国革命实际相结合的正确道路，成为党史上生死攸关的转折点。能在如此短的时间内实现这样的根本性变化在历史上并不多见，很值得我们进一步思考和探讨。

这两次变化又有不同的地方：第一次变化时，中国共产党处在仅成立6年的幼年期，很缺乏政治经验，而且几乎没有掌握军队和政权；第二次变化时，中国共产党在政治上已走向成熟，有了自己的军队和政权。本书准备探讨的是，前一次历史性进步是怎样实现的。

目　录

北伐的大潮与暗流

北伐战争是在国共合作的条件下开始的，最初，进军速度令人震惊，在国人面前显示出蓬勃的新气象。北伐军从广东出发，3个月内就席卷湖南、湖北，并向江西推进，受到民众热烈欢迎。工农运动蓬勃兴起。汉口、九江民众在中国共产党和武汉国民政府支持下强行收回英租界。人们对北伐抱着热烈的期待。

中共中央在中央局报告中写道："武汉下后，国民政府所管辖之地，几占中国之半（包括国民军在内），全国革命空气非常高涨。""目前这种军事胜利，可以促进军阀政治之崩坏，可以扩大民众运动之范围，我们并不迷信他就会成功一种革命，然而现时的情况，却不能不承认是一新的进步的时期。"①

当时在国内有广泛影响的《国闻周报》写道："民国十五年转瞬即尽，吾人回溯此一年之经过事实，以视十五年前之往迹，诚有翘然独异之感……中国政治受所谓北洋派势力之支配者，民元以来，至今年始得一变。""孙中山十数年所抱会师武汉之理想，竟于身死之次年，由其党徒以极短期间达到目的。此又不可谓非军事上一大变局也。""吾人综合本年之内政外交观察，实有除旧布新之气象。"②

就连原湘军第四师师长、此时改投南方任北伐军前敌总指挥兼第八军军长的唐生智，在1927年2月5日湖南人民欢迎他的大会上也激昂慷慨地表示："这回革命，我们湖南人民牺牲最大。牺牲的结果，当然要造成一个新湖南，才对得住民众。""老实的说，任何阶级的利益都是要自己去争的，农工没有

---

① 《中央局报告（九月份）——最近全国政治情形与党的发展》（1926年9月20日），中央档案馆编《中共中央文件选集》第2册，中共中央党校出版社，1989，第328页。
② 《民国十五年之回顾》，《国闻周报》第3卷第50期，1926年12月26日。

组织，便不能参加政治运动，永远处于被压迫的地位，利益从哪里说起？所以目前的阶级争斗，与其说是劳资冲突，无宁说是压迫者与被压迫者的冲突。几千年的历史，农民都伏在统治者之下，忍气吞声。现在革命的呼声，将他们唤起了。他们从被治的地位，渐渐要爬起来了。"[①] 这些给人的感觉是，世事真是大变了。

总之，北伐初期形势的发展确实令人鼓舞，北伐军长驱直入，势如破竹，中国南方呈现出一派前所未有的新气象。进展速度之快，变化规模之大，都是人们原来没有料想到的。从军事实力看，那时奉系军阀张作霖拥军 35 万人，仍以直系军阀领袖自居的吴佩孚拥军 20 万人，号称东南"五省联帅"的孙传芳拥军 20 万人；而广州国民政府原来只有 6 个军约 9 万人，加上后来加入并编成的第七军约 4 万人，双方兵力仍有很大差距。孙中山曾以广东为根据地发动过多次北伐战争，都失败了。为什么这次一开始就取得如此突出的成就？这需要从全国形

---

① 《湖南人民欢迎唐总指挥大会纪盛》，《汉口民国日报》1927 年 2 月 11 日，第 1 张第 2 页。

势和南北双方内部的变化来分析。

从南方来说，最根本的是第一次国共合作的实现和中国国民党的改组。它带来两大变化。一是孙中山明确接受了中国共产党提出的"反帝反封建"的革命纲领。这以前，他两次发动北伐军事行动都打着"护法"的旗号，护的是民国成立时的《临时约法》，这难以得到广大民众的支持，更激不起他们的热情。国民党一大前几天，孙中山在大本营会议上说："护法名义已不宜援用。因数年来吾人护法之结果，曹、吴辈毁法之徒，反假护法之名恢复国会。北京国会恢复之后，议员丑态贻笑中外，实违反全国民意。今日不当拥护猪仔国会。"[1] 国民党一大上，他把反对帝国主义放在十分突出的地位。当这个问题产生争议时，他在大会上说："现在是拿出鲜明反帝国主义的革命纲领，来唤起民众为中国的自由独立而奋斗的时代了！不如此是一个无目的无意义的革命，将永久不会成功。"[2] 大会后，他又在农民运动讲习所第一期毕业典礼上响亮地提出

---

① 《孙中山全集》第9卷，中华书局，1986，第10页。
② 《黄季陆先生怀往文集》，台北：传记文学出版社，1986，第34页。

"耕者有其田"的主张。受过革命教育的士兵高唱着"打倒列强，除军阀，国民革命成功，齐欢笑"的歌曲北上，精神焕发。这首歌几乎妇孺皆知，深入人心。这个目标是中国人民长时期以来深深期待的，所以能受到极大欢迎，形成一股势不可当的时代潮流。

二是北伐战争促进了工农运动的蓬勃发展，农民协会和工会纷纷建立，声援北伐军，为军队行进做向导、侦察敌情、运输武器弹药和粮草，还组织农民自卫军等袭击敌军。担任北伐军前敌总指挥的唐生智当时对湖南的农民和工人说："我们这次革命的成功，完全是工农群众的力量，并不是兵士的力量。我们在北伐的时候，在衡阳，在醴陵，在粤汉路，都得着农工群众的帮助，才得狠（很）顺利的杀却敌人。"① 国民党人历来主要在上层社会中活动，对会党也只是同一些上层人物有联系，没有深入社会底层去做群众工作的经历，这些发动并组织工农群众的工作几乎都由共产党人去做。国民党粤

① 《唐总指挥在长沙对农工之重要谈话》，《汉口民国日报》1927年2月19日，第2张第1页。

军的重要将领（时任第四军第十二师师长）张发奎写道："国民党人并不关心工农运动，当共产党人下基层工作时，国民党人忙于向上攀爬。我同情共产党，相信他们所作的工作会刺激与鼓舞国民党。对中共党员，我印象甚好，因为我看不到他们有任何伤害我们国民党的证据。"① 不难看出，中共所做的工作对第一次国共合作以及北伐战争初期的顺利发展起着十分重要的作用。

再看北方。那时统治着中国北方绝大部分地区的北洋军阀，看起来似乎是已统治中国十多年、具有多方面实力的庞然大物，实际上却处在失尽人心、四分五裂、气息奄奄、不堪一击的垂死状态。北伐战争开始时，北洋军阀中最大的是三支力量：盘踞东北、华北并控制中央政权的张作霖部奉军；第二次直奉战争失败后残留的、还控制着鄂豫和冀南的直系军阀吴佩孚（湘军赵恒惕也是依附他的）；统治华东、自称"五省联帅"的新直系孙传芳。这三支力量中最强大的是奉军。国民革命军北伐开始后，

---

① 《蒋介石与我——张发奎上将回忆录》，香港：香港文化艺术出版社，2008，第72页。

张作霖曾想借支援吴佩孚、孙传芳之名挥师南下，进攻北伐军。但吴、孙担心奉军南下会夺去他们的地盘而婉拒。所以，直接面对北伐军作战的，其实只有吴、孙两部。

直系军阀首领是曹锟，实际上依靠吴佩孚。吴佩孚曾博得"爱国将军"的名声，在民众中有过不小影响。直皖战争和第一次直奉战争都在他指挥下取胜。之后，他在洛阳练兵，颇有不可一世之概。50 岁生日时，康有为送了他一副对联："牧野鹰扬，百岁勋名才一半。洛阳虎视，八方风雨会中州。"[1]可见他当时声名之盛。但曹锟贿选总统，不齿于人。第二次直奉战争时，冯玉祥突然率部倒戈，回师北京，囚禁曹锟，直军军心尽散。号称"北洋正统"、由吴佩孚自兼师长的精锐第三师全部溃散，主力尽失。吴佩孚只好狼狈南下，旧部大多对他冷眼相向。以后重新集结起一部分力量，但远非往日可比。当北伐军北上长沙时，他正率余部主力北上，在南口进攻冯玉祥部，得讯后才匆忙指挥第八师师长刘玉

---

① 　陶菊隐：《吴佩孚传》，上海书店出版社，1998，第84页。

春部南下赴援。结果一败于汀泗桥，二败于贺胜桥，接着连武汉也无法守住。这是北伐军北上时面对的最薄弱一环，易于旗开得胜。

孙传芳是后起的直系将领，原任驻湖北的北洋第二师师长，后来吴佩孚派第二师移师福建。第二次直奉战争结束后，他趁着当时的混乱局面，逐走正南下的奉军，收编东南各省地方部队，先后控制江西、浙江、江苏、安徽，自称"五省联帅"，成为独树一帜的新直系势力。当吴佩孚部进退失据时，接连以急电催孙传芳出兵相助，孙却按兵不动、袖手旁观，并不出手援吴。时人所记：

> 那位坐镇东南的孙联帅，时（与）遗老名流为文酒之会，大有轻裘缓带之风。有人问道："北伐军已经打到湖南，吴玉帅深感燃眉之急，我帅何以自处？"孙淡然一笑说："党军负嵎两广，正如麻绳子扭作一团，刀砍不入，火烧不断，如今他们由珠江流域伸展到长江流域来，就成了一根长绳子，用剪刀一剪就可以剪断，我们岂不省力得多。"接下去，北伐军又已进

入鄂南，他的部下不免窃窃私议："直系两帅唇齿相依，我们如坐视不救，恐将同归于尽。"孙又嗤之以鼻说："傻瓜，吴玉帅驻节两湖，咱们不能开军队把他赶走，如今他要同党军硬拼，正如两虎相斗，不久两湖地盘也是咱们的了。"[①]

其实，孙传芳的如意算盘完全打错了。他虽然号称"五省联帅"，但只有卢香亭、谢鸿勋两师是他的嫡系部队，其他如周凤岐、陈调元、王普、曹万顺等部都是东南各省的地方割据势力，同孙本无渊源，只是在第二次直奉战争后的混战中一时依附得胜的孙传芳。一当北伐军东向时，孙传芳作战不利，他们先是袖手旁观，之后就倒戈归附蒋介石，充当起国民革命军的军长来。蒋到南京时的兵力就是靠此扩充的。

把南北双方的状况对照来看，不难理解北伐军为什么能在出师后不长时间内取得如此巨大的胜

① 陶菊隐：《记者生活三十年——亲历民国重大事件》，中华书局，2005，第97页。

利，已经统治中国十多年、仿佛不可一世的北洋军阀为什么会那样快地土崩瓦解。这是势所必致，是当时国内政治局势的主要方面。但事情也有从原来处于潜伏状态到逐步公开化的另一面，那就是国民党内的反共势力在孙中山去世后迅速抬头，使局势迅速恶化。

第一次国共合作，对国民党来说，是在孙中山的主张和坚持下实现的。他所主持的国民党一大在事实上实行了联俄、联共、扶助农工的革命主张。汪精卫在国民党二大的政治报告中特地讲到一段事实："最先加入本党的就是李大钊，由张继介绍来的。李当时曾对总理说明他是第三国际党员，是不能脱去第三国际党籍的，不知总理能否许可接纳他。总理答他：'这不打紧，你尽管一面做第三国际党员，尽管一面加入本党帮助我。'从此以后中国共产党员加入本党的便多起来了。"[1] 因为孙中山在国民党内有着别人无法比拟的威望，所以那时国民党内还兴不起大的反对浪潮。

---

[1] 《汪精卫先生在第二次全国代表大会之政治报告》，《政治周报》第 5 期，1924 年 3 月 7 日。

孙中山去世后不久，1925 年 11 月，一些老国民党员在北京西山举行会议，参加的有国民党中央执行委员邹鲁、林森、居正、叶楚伧等八人，中央监察委员谢持、张继两人，都是老资格的国民党员。他们自称召开第一届中央执行委员会第四次会议，通过"取消共产党在本党党籍""鲍罗廷顾问解雇""开除汪兆铭党籍""决定本党此后对于苏联的态度""开除中央执行委员会之共产派李大钊等""取消政治委员会""移中央执行委员会于上海"等七项议案。[①] 但这些人并没有多少实力，被称为"西山会议派"，在国民党内和社会上并没有产生多大影响。

孙中山去世后，真正对局势逆转产生巨大影响的是蒋介石。毛泽东后来只用十个字来概括："孙中山死了，蒋介石起来。"接着说："在二十二年的长时间内，蒋介石把中国拖到了绝境。"[②]

蒋介石是一个有极强权力欲的人，又有相当丰富的政治经验和手腕，变幻莫测，使人不容易看清

① 邹鲁：《回顾录》，岳麓书社，2000，第 151—153 页。
② 《毛泽东选集》第 4 卷，人民出版社，1991，第 1471 页。

他的真实意图，一步一步创造有利于他的条件。一旦时机成熟，便会猛然在极短时间内采用断然手段实现他的目的。

蒋介石原本是许崇智粤军的参谋长，在国民党内的资历和地位并不高，1924年国民党一大时，他连大会代表都不是，更谈不上入选国民党中央执行委员会。其地位的迅速上升，始于担任国共合作并得到苏联很大援助的黄埔军官学校校长，以及以黄埔师生为基础的党军在讨伐陈炯明粤军和盘踞广州的滇桂军时所立的战功。当时在广州的茅盾在回忆录中写道：黄埔军校创办时，"蒋介石曾向孙中山表示，不愿当校长，原因是孙中山同时任命廖仲恺为黄埔军校党代表。不过蒋这心事不能对孙中山说。后来戴季陶劝蒋就职，理由是先掌握实力，一旦有了兵权就可指挥如意"。① 戴季陶是蒋介石的至交，这话确实说到了蒋介石的心坎上。

蒋介石当了黄埔军校校长后，一段时间内很得好评。他有相当强的组织能力，对工作要求严格，

---

① 茅盾：《我走过的道路》（上），人民文学出版社，1981，第296页。

作风果断，同教师和学生的关系较好。更重要的是，他在政治上表现得很"革命"，一度被看作"左派"将领。1925年7月26日，他在军事委员会上讲话："我们今日革命先要认清楚目标，认定帝国主义者是我们真正的敌人。""帝国主义宰割中国必须假手于中国军阀，方得肆其残暴，而使中国人民莫予敢毒。故帝国主义不倒，中国军阀之乱决无已时。吾党革命目标，与其专革军阀的命，无宁先革北京东交民巷太上政府帝国主义的命。擒贼先擒王，所以吾党革命当自打倒帝国主义始。"①讲得何等激烈！

这年9月，他在黄埔军校讲演中又说："共产党真正革命的同志们，实在不比我们国民党少，加入了国民党，实在能替国民党求进步求发展，促进本党的革命精神。所以总理就下这个大决心，不为众论所摇动。并且总理曾说：'如果国民党的党员反对共产党，我便要自己去加入共产党。'这是什么理由？是因为共产党和国民党的革命的目的，都

① 《完成革命必先打倒帝国主义》，《蒋介石言论集》第2集，中华书局，1965年清样本，第166页。

是一样的，并且我们革命党的性质，就是'打不平'。"①

同年 12 月 5 日，蒋介石为黄埔军校第三期同学集作序，题目是《三民主义信徒与共产主义信徒非联合一致不能完成国民革命》。文中说："阋墙之祸，甚于外侮之内侵；革命之成，全凭同志之相亲与相爱。""吾人至今，悔不问明当时先烈之死者，为共产乎？抑为非共产而三民乎？""中正为三民主义之信徒，然而对于共产主义之同志，敢自信为最忠实同志之一人"，"诚则明，诚则强，诚则金石且为之开，而况爱人乎？"② 所以不少人把他看成"左派将军"。

西山会议公开反共后，正率部讨伐陈炯明的蒋介石 12 月 25 日就从汕头致电国民党中央和各级党部严加痛斥。电文说："总理深知必能包括共产主义始为真正之三民主义，同时亦必能容纳共产党，始为真正之国民党也。""中国革命不成，列强敢来侮我，皆因国民勇于私斗，党员徒争意气，团体惯

---

① 《团体训练的重要》，《蒋介石言论集》第 2 集，第 233 页。
② 蒋介石：《三民主义信徒与共产主义信徒非联合一致不能完成国民革命》，《政治周报》第 4 期，1926 年 1 月 10 日。

于破裂，明知之而故蹈之，欲不谓之反革命，不可得。不为革命，便为叛逆，中正益自信此言之不诬，当永以自勉，并愿我同志共勉焉。"① 这类话他当时说过很多，但就是这同一个人，在3个多月后的1926年3月20日发动了震惊一时的反共的中山舰事件。

对中山舰事件的具体经过，曾做过蒋介石顾问的亚·伊·切列潘诺夫回忆道："三·二〇事件绝不是他的突如其来的一时冲动。虽然阴谋尚不够深思熟虑，但也是准备已久了。"② 如果出于一时误会，只能是针对某一具体问题，不会采取如此牵动全局的大动作。对蒋介石来说，这件事一是用来把共产党人排除出黄埔军校和以黄埔师生为骨干组成的国民革命军第一军（包括军校和第一军政治部主任周恩来），使军校和第一军成为完全处于他控制下的嫡系武装力量，蒋介石就是依靠这支力量起家的；二是他采取这样大的行动，包括宣布戒严、包

---

① 蒋介石：《为西山会议告同志》，《政治周报》第4期，1926年1月10日。

② 亚·伊·切列潘诺夫：《中国国民革命军的北伐——一个驻华军事顾问的札记》，中国社会科学出版社，1981，第356页。

围苏联顾问寓所、解散省港罢工工人纠察队等，却丝毫没有照会广州的最高领导人（国民政府、政治委员会和军事委员会主席）汪精卫，还派兵包围汪的住宅，迫使汪离开广州，远赴法国，广州国民政府的军政大权便在实际上落到蒋介石手中；三是这次行动在蒋介石看来，是一种赌徒式的试探，看看共产党、苏联顾问会有怎样的反应，以便决定他下一步如何行动。

实际上，当时蒋介石仍存在不少弱点，采取这样的大动作带着不小的冒险性。因此，在广东的共产党人毛泽东、周恩来、陈延年等主张反击。毛泽东说："我们对蒋介石要强硬。""蒋介石此番也是投机。我们示弱，他就得步进步；我们强硬，他就缩回去。"但苏联军事顾问团代理团长季山嘉不同意（鲍罗廷以"奉召回国述职"为由，离开广州近三个月）。当时中共中央在上海，广东区委去电请示。陈延年说："中央来了回电，要我们忍让，要继续团结蒋介石准备北伐。"[1] 李立三说："在这一

---

① 茅盾：《我走过的道路》（上），第306—308页。

事变中，广东与中央又发生了很大的争论。""讨论这一事变发生的原因，广东党认为是'当进攻而没有进攻'的结果，中央的主张又确实相反，认为是'当退让而没有退让的结果'。""陈独秀在当时提出来的有名的一句话可以完全表现出当时中央的意见，就是'办而不包，退而不出'。"① 这样，蒋介石看准了共产党人的弱点，更加敢于冒险。

但是，蒋介石的弱点确实存在：他在国民党内资历浅，在广东的国民革命军六个军中，除第一军外都同他面和心不和，例如3月20日当天，"谭延闿、朱培德、李济琛（深）、邓演达等为中山舰事件往晤俄顾问季山嘉等，不以此举为然"。② 黄埔军校和第一军在经费、武器装备、军队训练等方面相当程度上还有赖于苏联的支持，军校和第一军中也还有革命力量。因此，蒋介石明白还需将局势一时稍加缓和。3月23日，他"为中山舰事向军事委员

---

① 李立三：《一九二五年至一九二七年中国大革命的教训》，中央档案馆编《中共党史报告选编》，中共中央党校出版社，1982，第290—291页。
② 郭廷以编著《中华民国史事日志》第2册，台北：中研院近代史研究所，1984，第29页。

会自请处分"。① 接着，又释放被捕的海军局代局长李之龙，逮捕具体执行这次事件的第十七师师长吴铁城，撤去中山舰代理舰长欧阳格的职务，解散黄埔军校内右派团体孙文主义学会（同时也乘势解散左派的青年军人联合会）。他的目的已经达到，这些不过是做给别人看的表演罢了，是他常用的手法。

但他没有就此收手。相反，第一步跨出了，紧接着就要跨出第二步。国民党当时正标榜"以党治国"。第一次国共合作后，不少共产党员在国民党中央担任重要职务，各省的国民党组织相当多是在共产党人积极推动下建立起来的。蒋介石在取得军权、政权的同时，还要牢牢地控制党权。从国内局势看，表明投靠广州政府的湘军唐生智部已同北洋军在湖南发生冲突，北伐在即，更使蒋介石急于夺取党权。他提出召开国民党二届二中全会，讨论"整理党务"问题。

他先采取用武力施压的恐吓手段。"中央执行委员会的全体会议五月十五日召集，会议临近，一

---

① 郭廷以编著《中华民国史事日志》第 2 册，第 31 页。

种故意制造的屠杀空气笼罩全城。墙上贴满标语，警告神秘的'挑拨'，而共产党将要实行政变、反对政府的谣言也流布起来了。中央银行发生挤兑。会议开幕之前夜，戒严令突然钳制了全城。除了蒋氏心腹之外，谁也猜想不到将要发生什么事情。"①

因汪精卫赴欧，这次会议由代理国民政府主席的谭延闿主持。会议通过《整理党务决议案》，先讲了一大堆冠冕堂皇的话，称："中国共产党为革命集团，中国国民党亦为革命集团。共产党员认国民革命必经之过程，毅然加入于国民党，国民党信共产党员能努力于国民革命，欣然许其加入。"接着暗示式地威胁道："持此光明正大之心理以合作，本无牵制误会之可言。乃两年以来，实际表示竟不如此。"随后写道："吾人须遵守总理之主张，不忍两党合作之美意至此失坠；革命势力之集中至此分裂，特提出整理党务案。"决议的九条规定，如："凡他党党员之加入本党者，在高级党部（中央党部、省党部、特别市党部）任执行委员时，其额数

---

① 伊罗生：《中国革命史》，向导书局，1947，第108页。

不得超过各该党部执行委员总数三分之一。""凡他党党员之加入本党者，不得充任本党中央机关之部长。""凡属于国民党籍者，非得有最高级党部之许可，不得别有政治关系之组织及行动。"① 如此等等，话讲得很曲折，其实就是说：如果不接受这些规定，"两党合作"必将"分裂"。

会前，蒋介石同刚回广州的鲍罗廷会谈多次，时间长的达 4 小时之久。过程曲折，蒋在日记中记有"困难极矣"。② 到全会召开的前一天（5 月 14 日），蒋介石在日记中写道："余以至忧切言，并言对共党提出条件虽苛，然大党允小党在党内活动，无异自取灭亡。余心实不愿此亡党条件，但总理策略既在，联合各阶级，故余不愿主张违教分裂也。"③ 蒋介石此话所以能击中鲍罗廷要害，因为北伐在即，共产国际十分担心因国共分裂而妨碍北伐

---

① 《整理党务第一决议案》《整理党务第二决议案》，荣孟源主编《中国国民党历次代表大会及中央全会资料》，光明日报出版社，1985，第 232—234 页。
② 《蒋介石日记》，1926 年 5 月 12 日，美国斯坦福大学胡佛研究所藏。藏所下略。
③ 《蒋介石日记》，1926 年 5 月 14 日。

战争，为了避免分裂，不惜委曲求全。蒋介石正是看准了这一点，以"分裂"作威胁，终于使鲍罗廷屈服。

会议期间，何香凝、柳亚子等发言反对协定，但无济于事。蒋介石在当天日记中写道："会议推余为主席，提出修正党务案、联席会议案及两党协定案。当余提出协定案，各委员甚惊惶，卒通过。"①但争论还是有的。蒋介石5月19日记道："参加全体执行委员会，通过余所提议之重新登记案及统一各省党部案，哲生（孙科）与泽东为左右派案甚起争执。"②会议新设国民党中央执行委员会常务委员会主席，选举同蒋介石关系十分密切的张人杰（静江）担任；共产党员谭平山、林祖涵（伯渠）、毛泽东分别辞去组织部部长、农民部部长、宣传部代部长的职务，由蒋介石、顾孟余、甘乃光接替。新设军人部，也由蒋介石兼任部长。6月4日，国民党中央执行委员会临时全体会议通过出师北伐、任蒋介石为国民革命军总司令的决议。之后，

① 《蒋介石日记》，1926年5月15日。
② 《蒋介石日记》，1926年5月19日。

蒋介石又当上国民党中执会常务委员会主席。

这样，蒋介石便一手掌握了南方的党政军大权，权力迅速膨胀，也使北伐战争一开始就蒙上厚厚的不易测的阴影。以后政局的变动和起落，可以说离不开前此埋下的正反两面的种子。

政变前夜各方力量对比

北伐战争以出人意料的速度节节胜利，革命风暴的中心随之从华南转移到长江流域。这就产生一个问题：国民政府和它的所属机构设置在哪里？如果继续留在偏于南隅的广东，要处理已由北伐军控制的广阔地区的种种事务显然已很不便。那时大家的意见，包括蒋介石在内，都认为应该迁到武汉。因为武汉是北伐军已控制的最重要的城市，交通便捷，号称"九省通衢"，在全国也有举足轻重的影响；它又是1911年辛亥革命的起点，武昌起义在全国民众中有很深刻的影响。所以，国民政府迁往武汉开始时并没有发生什么争议，蒋介石最初也没有提出异议。

《国闻周报》写道:"广东国民政府自北伐军占领武汉,即有迁鄂之议。其目的所在,盖力图军事与政治同时发展,不欲政府久设广州,终成偏安之局也。故赣战既定,党、政府迁鄂之议立决。"①

1926年11月18日,中共中央在党内发出《国民政府迁汉及湖北政府组织等问题的意见》,认为"从客观形势看,有很大可能迁都武汉",并提出要"造成农民拥护左的政纲的浓厚空气,如此,可以逼蒋介石与唐均向左倾,可以对右派给一下马威,使他们有所顾虑"。《中央党部及国民政府迁鄂决议》是11月26日正式做出的。决议写道:"中央党部因特于本月二十六日下午五时开政治会议临时会议,讨论结果,议决中央党部、国民政府迁移日期及若何预备案乙件,其议决五款如下:(一)十二月五日以前重要人员及重要文件,第一批出发。……(四)前方各机关地址及布置,委邓择生同志发电办理。"② 邓择生即邓演达,国民党左派人

---

① 《一周间国内外大事述评》,《国闻周报》第10卷第2期,1927年1月9日。
② 《武汉国民政府资料选编》,本书编辑组编印,1986,第508、1页。

士，当时任国民革命军总政治部主任，时在武汉。

那时，北伐军的主攻方向已转向孙传芳统治的东南五省，特别是江南的上海和南京，这是蒋介石梦寐以求的目标，而已由北伐军控制的江西同上海、南京之间的安徽、浙江仍在孙传芳控制下。因此，蒋介石的总司令部设在接近前线的赣北南昌。南昌是 11 月 8 日才由国民革命军第三军朱培德攻克的，它在各方面的条件都远不如武汉，当然还谈不上迁都南昌的问题。

12 月 2 日，宋庆龄、鲍罗廷等到达南昌，同从庐山赶到南昌的蒋介石会谈当前各项工作和政府迁移武汉事宜，蒋介石都表示赞成（那时粤汉铁路的株洲至韶关段还没有修通，只能绕道江西北上）。7 日，谭延闿、顾孟余、何香凝等数百人从广州经江西赴武汉。10 日，宋庆龄、鲍罗廷和陈友仁（外交部长）、孙科（交通部长）、徐谦（司法部长）、宋子文（财政部长）等到达武汉，受到民众的热烈欢迎。

为了不使国民党中央和国民政府的日常工作中断，在鲍罗廷的建议下，13 日在武汉成立国民党中央委员、国民政府委员临时联席会议。"会议出席人，规定为中央执行委员、国民政府委员，惟邓演达同志应以湖北政务委员及总政治部主任名义出席。"会议讨论和处理的问题只是外交、财政、交通、司法等方面不容延搁的日常工作。邓演达一再声明："军事自不消说归总司令主持。"12月22日，联席会议主席徐谦在第四次会议上报告："蒋总司令廿号来电，赞成中央执行委员国民政府临时联席会议。"① 这本来符合正常工作秩序和实际需要，不料纠纷和争吵却发生在这个迁都地点上。

这个变化是随南方政治局势和蒋介石处境的变化而来的。11月初国民革命军攻克南昌，孙传芳主力卢香亭与谢鸿勋两师被击溃后，南方局势和各界态度发生显著变化。对蒋介石来说，最重要的有两个情况。

一是南方不少看风使舵的地方军阀部队看到孙传芳所处局面不利，便纷纷向北伐军输诚。因为蒋介石是国民革命军总司令，他们几乎都找南昌的总

---

① 郑自来、徐莉君主编《武汉临时联席会议资料选编》，武汉出版社，2004，第37、70、96页。

司令部联系。蒋介石在 11 月 23 日日记中写道："福建张毅来输诚。孙传芳托蒋百器来求和对奉。安徽陈调元亦托人来说项，其部下各自来投。""二星期来均是如此纷忙。山阴道上，几应接不暇。"12 月 9日，他在日记中又写道："各处输诚者惟恐不允也。革命至今已入一新时期，寄生与观望自全者皆欲借此投机。"[①] 这样，不仅让蒋介石看到有席卷东南的有利之势，而且又可赖收编众多军阀部队而使他能指挥的军事力量迅速膨胀，如周凤岐、陈调元、王普、曹万顺等军都是。

二是蒋介石在 11 月 22 日和 12 月 28 日两次函请在天津的黄郛南下，第二次的信由张群送去，信中写道："尚祈不吝教益，共底于成。"[②] 黄郛早年是蒋介石的盟兄，蒋称他为"二兄"，后来曾代理过北洋政府的国务总理，长于谋略，并且同上海的金融界、会党势力等都有密切关系。时任中国银行副总裁的张嘉璈（公权）在笔记中写道："北伐军

---

① 《蒋介石日记》，1926 年 11 月 23 日、12 月 9 日。

② 沈亦云：《亦云回忆》上册，台北：传记文学出版社，1980，第247 页。

抵达赣州后，查悉当地商民开用银圆或能兑换银圆之纸币，而该军所携现款有限，需用银圆切迫。蒋总司令因电驻天津正待南下之黄膺白（黄郛）转嘱我在上海设法汇济。""中行在绝对保密之下，卒获如约汇济三十万元巨款。"笔记又写道："蒋总司令于去年（1926年——引者注）十一月初进驻南昌后，复通过黄膺白转嘱我由沪拨汇南昌现款二十万元济用。当时孙传芳已败退南京，中行行员均同情于革命军。此次拨汇巨款，仍复能绝对保密，孙方毫无所知。"张公权还讲到，"关于总司令部军需处处长俞飞鹏向沪行借支一百万元事，曾引起蒋总司令误会。盖沪行不知总行有致汉口分行（可以支用一百万元）之密函，而沪行经理仍照向章索取担保品，致蒋总司令闻之大为不悦，将借款增为五百万元，嘱俞处长在沪行经理办公室坐索，非办到不得离行。我时居丧在家，得此消息，急驱车至行，告知沪行经理宋汉章，曾有在汉口支用一百万元之约。当凭蒋总司令公函，需借一百万元，照付了事"。①

① 姚崧龄：《张公权先生年谱初稿》上册，台北：传记文学出版社，1982，第73—74页。

当时，北伐军财政正十分困难。蒋介石在1927年1月4日日记中还写道："（宋）子文且以财政无法相要挟。办事困苦莫甚于经济相逼也。"① 黄郛的相助，不仅助蒋渡过经济难关，而且同江浙金融界建立起密切联系。蒋介石率军进入江浙后，特别看重的不是工业资本家而是金融资本家。他后来与其他军阀混战时，得力的也是金融资本家在金钱上的大力支持，这样的关系是黄郛帮他建立起来的。

军力和财力是当时具有决定意义的两大要素。蒋介石到南昌后这两方面的实力都得到加强，处境和在两湖时大有不同，其对各方面的态度便大大强硬起来。他这两方面实力的陡然增强不是来自广东的根据地，而是来自北方的旧势力。因此，当时人们称之为"军事北伐，政治南伐"。

1927年1月5日，黄郛经上海到九江，入住蒋介石庐山别墅。同一天，蒋在迁都问题上正式翻脸，撕毁原有诺言，在南昌发出《国民政府暂驻南昌通电》："各省党部均鉴：江日（三号）政治会议临时

① 《蒋介石日记》，1927年1月4日。

会议议决，现因政治与军事发展便利起见，中央党部及国民政府暂驻南昌，待三月一日中央执行委员会全体开会公决中央党部及国民政府驻地后，再行迁移。支日（四号）又在中央常务委员会第七次会议席上报告，无异议通过。特此布闻。中国国民党中央执行委员会。"①

这个突然事件，武汉方面事先一无所知。国民党中央执行委员会也没有开会讨论过。为了庆祝北伐胜利和迁都武汉，武汉当局刚宣布在新年举行游行集会庆祝三天。拿1月3日来说："今天是隆重庆祝国民政府迁鄂和反帝国主义斗争取得胜利的最后一天。整天都是人山人海的庆祝游行队伍，武汉全城真是达到万人空巷的程度了。"② 看到南昌发出的电报，联席会议主席徐谦和孙科立刻在6日致电蒋介石等："政府不迁汉消息，暂宜秘密。如宣布，民众必起恐慌，武汉大局将受影响。"第二天，宋庆龄、陈友仁、蒋作宾又密电致蒋介石等称："苟

---

① 郑自来、徐莉君主编《武汉临时联席会议资料选编》，第374—375页。
② A. B. 巴库林：《中国大革命武汉时期见闻录》，郑厚安等译，中国社会科学出版社，1985，第39页。

非有军事之急变，不宜变更决议，坐失良机。"① 但蒋介石一概置之不理。

中国正是在这种复杂情况下，步入风云突变、波澜起伏的1927年。

蒋介石虽已自行声称迁都南昌，但武汉方面反对的声浪很高。外交、财政、交通、司法等部已在武汉开始工作，而蒋所准备实施的收编地方军阀兵力、解决财政困难等都在联系和接洽中，尚来不及一一落实，他的实力还有限。对他来说最迫切的是"肃清江浙、统一长江下游"。② 尽管他对迁都武汉不满，但一时还没有足够力量造成南昌和武汉的对立与冲突，所以并没有立刻筹组南昌政府。他还要等一等。他在1月3日记道："精神痛苦，心神烦闷，几难成眠。"5日黄郛从上海来到江西后，两人朝夕"畅谈"，有一次谈到午夜一时才睡。11日，出人意料，蒋和刚从广州到南昌不久的国民政府代主席谭延闿同赴武汉。③

① 郑自来、徐莉君主编《武汉临时联席会议资料选编》，第375页。
② 《蒋介石日记》，1927年1月2日。
③ 《蒋介石日记》，1927年1月3、5、6、7、8、9、11日。

第二天下午，武汉民众在阅马场举行隆重的欢迎大会。会议由董用威（必武）主持。他说：国民革命军已经光复了湖北、江西，行将收复江浙，我们还要"向北方发展，务必肃清北方残余的军阀，打倒一切帝国主义，完成革命，这是我们今天欢迎的意义"。蒋介石也讲了些漂亮话："我们要知道，我们得有今日，是跟着总理的政策做到的结果。还望武汉民众本总理的政策团结起来，担负自己的责任，为自己谋建设，为自己解除痛苦。今天这个欢迎会，不要说是欢迎总司令，乃是欢迎总理政策。"①

那时，蒋介石反对中共和工农运动的态度已日益暴露。同蒋介石接触、交往较密切的苏联军事顾问加伦在1月4日致电鲍罗廷："最近关于工人和农民运动的消息，特别是在广东，使很多人感到惊慌。人们认为中国共产党是祸首。多少由于这个原因，正在举行将共产党从国民党除名的秘密谈判……。局势需要您来，否则，蒋介石将为自己的利益而说

① 《蒋总司令莅鄂盛况》，《汉口民国日报》1927年1月13日，第1张第1页。

服所有的人，甚至包括这些无原则的左派。"① 因此，在武汉欢迎大会晚上举行的有几百人参加的宴会上，鲍罗廷不客气地说了一段话："蒋介石同志！我与您共事已经四年了"，"我不是个别将军的顾问，而是全体被压迫的中国人民的顾问"，"如果有人不想听我们的忠告，那么世界被压迫人民还是会需要我们的忠告的"。②

鲍罗廷的原意是想以尖锐的语言提醒蒋介石不要在错误的道路上越走越远。当然，他也有点倚老卖老，以为自己这样讲能收到效果。但这时的蒋介石已不是当年那个粤军参谋长或黄埔军校校长，而是自视为党、政、军的最高领袖。曾参加黄埔军校创建和教学并长期任第一军军长何应钦顾问的切列潘诺夫已看到："那时蒋的最大努力是花在如何摆脱鲍罗廷上。他把鲍罗廷看作他为控制革命势力的斗争中最严重的障碍。"③ 现在鲍罗廷当着众人训斥

---

① 亚·伊·切列潘诺夫：《中国国民革命军的北伐——一个驻华军事顾问的札记》，第503页。

② A. B. 巴库林：《中国大革命武汉时期见闻录》，第52—53页。

③ 亚·伊·切列潘诺夫：《中国国民革命军的北伐——一个驻华军事顾问的札记》，第504页。

蒋介石，引起蒋暴怒的后果可想而知。

蒋介石在当天日记中写道："晚宴会，席间受辱被讥，生平之耻无逾于此。"次日记道："昨晚忧患终夜，不能安眠。今晨八时起床，几欲自杀。为何革命而欲受辱至此。"16日记道："下午与鲍尔廷（即鲍罗廷——引者注）叙谈至十八时。"看来并无结果。此时，黄郛赶到武汉。17日蒋又记道："与膺白谈政治，亦惟沉痛而已。"① 黄郛是最能影响蒋介石的人，此后二人又返回庐山住了好几天，黄与蒋"会谈"多次，看来同蒋决心排除鲍罗廷有关。

蒋介石这个决心到1月27日已经定下。他在这天的日记中写道："孟余、香凝、择生与季陶来谈。余必欲去鲍罗廷顾问，使政府与党部能运用自如也。彼等恐牵动大局，不敢决断。书生办事，诚非败坏不可也。下午与季陶一人谈叙至八九时，甚佩其理论，然而，其消极与灰心，不能成事也。晚与谭（延闿）戴（季陶）二同志谈至午夜，决议去鲍尔廷、移中央于武汉也。"②

---

① 《蒋介石日记》，1927年1月12、13、16、17日。
② 《蒋介石日记》，1927年1月27日。

蒋介石这段日记很重要。去鲍确实是一件大事。戴季陶等所说"恐牵动大局"是担心因此牵动同苏联的关系，而北伐军当时在军事和财力方面除苏俄外还没能得到其他国家的有力支持。而蒋介石的坚持去鲍，不只是因为"受辱"，更重要的是因为鲍罗廷四年来一直担任国民政府顾问，孙中山对他一向十分倚重。黄郛的妻子沈亦云说：在武汉时期，"据闻政治会议最后的决定由他，他并不出席会议，开会要决议时，主席起来打电话给他，然后定议"。① 这个说法也许过分，但也反映出鲍罗廷在国民党中的作用举足轻重。蒋介石最看重的是中央"最后的决定权"掌握在谁手里，这是一切问题的关键所在。这才是他最后决定"去鲍尔廷、移中央于武汉"的原因。

对蒋介石来说，"肃清江浙、统一长江下游"的目标一旦达成，他就打开了一个新局面，可以暂置武汉于不顾。但蒋的实力还不足，内部对去鲍的看法又未统一。于是，他便把力量先集中在"肃清

---

① 沈亦云：《亦云回忆》上册，第258页。

江浙、统一长江下游"上，其他问题暂时放一下，回头再来解决。

沈亦云说："蒋先生和总司令部在南昌，而膺白到汉口，他到汉口的任务为何？他没有分析告诉我，他的动作和方向，大概是外交和经济。此时国民革命军的方向是东征而不是北伐，一到上海，这两个问题不但不能避免，而须面对。且为国民政府成立最要紧的事。这两个问题亦分不开，国民党若要改变一面倒于苏联的办法，日英两国是不能不首谋谅解的。此事不但共产党和左派所不喜，即右派亦未必能统筹全局，注意到此。"① 黄郛在经济方面的活动，前面已经说过。在外交上，他介绍日本币原外相的亲信、条约局长佐分利贞男在武汉多次同蒋介石密谈。对于蒋介石的接洽，日本方面也十分重视，日本在北京所办中文报纸《盛京时报》2月19日的"中外要电"栏中特载："南方革命军首领蒋介石，近因避免各方面之误解起见，谢绝外人之会见。然据最近庐山之消息，蒋氏于前月廿六、廿

① 沈亦云：《亦云回忆》上册，第259页。

七两日，招待日人小室敬二郎氏相与促膝谈心。"①

1927年2、3月间，国民党内部在武汉掀起了"提高党权"运动，矛头直指蒋介石。2月8日，《汉口民国日报》发表社论《要求中央党部国民政府立即迁鄂》。15日，国民党中央宣传部部长顾孟余在宣传会议报告时说："巩固党的权威，一切权力属于党，是目前党的第一个标语。表现党的意志与执行党的意志的最高机关是中央执行委员会。除去中央委员会之外，决不可有第二个最高指导机关。"②

2月17—26日，国民革命军总政治部主任邓演达在报上连续发表长文，提出："现在在'提高巩固党的威权'、'服从党的指挥'的口号高唱入云、澎湃汹涌的时候……人们要问'党在那（哪）里?'那我们应该答复：党在被压迫民众里面，党在民众的呼声里面，党在革命民众觉悟分子团集的地方。"

① 《蒋中正对内外之各政见》，《盛京时报》1927年2月19日，第2版。

② 《中央宣传委员会第九次会议纪》，《汉口民国日报》1927年2月16日，第1张第1页。

最后部分，他把话讲得更明白："军事指挥者应该明白，自己个人的力量是很有限的，自己只有无条件的（地）听从党的决定，接受党的制裁，才能够增进党的权威，才能够拿这个权威去指挥统一全体军队，无论是旧有的或新收的。"① 后面那几句话，几乎是直接针对蒋介石说的。

2月20日，孙科发表《为什么要统一党的指导机关》，其中写道："革命运动，非有统一领导的机关是不能前进的。如果党部和政府的委员不能集中在一块，则各种重大工作，便很容易发生矛盾或冲突，这是与革命前途狠（很）有妨碍的。所以在武汉的同志，大家都觉得像现在领导机关不能统一这种不良现象实有速谋救正之必要。"② 孙科的文章，反映出国民党内一些高层人士对蒋介石的独断独行、把国民党中央党部和国民政府置之不顾的强烈不满。

---

① 梅日新、邓演超主编《邓演达文集新编》，广东人民出版社，2000，第50、55页。
② 孙科：《为什么要统一党的指导机关》，《汉口民国日报》1927年2月20日，第1张第1页。

原任联席会议主席的徐谦，3 月 9 日在一篇名为《怎样叫做"个人独裁制"》的文章中写道："怎样叫做'个人独裁制'？因为在党内只看见个人的能力，看不见党的威权。""主席可以个人发命令派兵接收广州市党部；主席可以免海外部长的职；主席可以另派海外、组织、工人各部长；主席可以变更外交政策，派赴美代表；主席可以取消中央政治会议决议，使中央党部和国民政府暂驻南昌；主席可以叫中央执行委员会全体会议三月一号在南昌开会，又可以叫他（它）俟东南战事告一段落再行开会：凡此种种事实，还说是党的最高权和党权集中，恐怕任一个党员都不能受蒙蔽的。"① 徐谦是学法律的，这些言论充满愤激，可见确实积怨已久。

　　前面所举 4 人，都是国民党员中有影响的人，没有一个是共产党人。从中可以清晰看出宁汉分裂之前国民党内部的氛围。3 月 10 日，中国国民党二届三中全会在汉口开幕，17 日闭幕。出席会议的有中央执行委员 18 人、候补中央委员 11 人、候补监

---

① 季龙：《怎样叫做"个人独裁制"》，《汉口民国日报》1927 年 3 月 9 日，第 1 张第 1 页。

察委员 4 人。蒋介石没有出席。孙科在全会开幕的当天，在报上又发表长篇议论，题目是《我们为甚么要有党》。他写道："现在党的问题，就是革命工作的领导问题。这个领导问题，我们要问的，就是革命工作是否以党去领导呢？抑或以个人去领导呢？革命的权力是否要集中于党，抑或要集中于一两个首领身上呢？如果革命势力是统一于党的，那末这个党才是民众的党，才是代表民众势力的党。如果是统一集中于个人的，那末，这个党马上变成军阀的党、个人独裁的党、封建势力的党了。"

这次全会改选汪精卫、谭延闿、蒋介石、孙科、顾孟余、谭平山、陈公博、徐谦、吴玉章 9 人为中央常务委员；除常务委员外，又选宋子文、宋庆龄、陈友仁、邓演达、王法勤为政治委员，并以汪精卫、谭延闿、孙科、顾孟余、徐谦、谭平山、宋子文为政治委员会主席团；选出军事委员会委员，并以汪精卫、唐生智、程潜、谭延闿、邓演达、蒋介石、徐谦为军事委员会主席团；改选国民政府委员 28人，并选孙科、徐谦、汪精卫、谭延闿、宋子文为国民政府常务委员。这些机构改组和人事任免是全会极为重要的大动作，实际上就是剥夺了蒋介石的独裁地位和权力。

为什么国民党内部会有这样多人反对蒋介石？为什么在武汉会掀起"提高党权"运动，还能举行这样一次二届三中全会，为以后的宁汉分裂做了准备？根本原因，一是在于蒋介石已经公然背弃孙中山晚年实行的联俄、联共、扶助农工的三民主义政策，到江西后变本加厉；二是在于他要把一切大权独揽在自己手里，容不得任何异己力量和不同意见，而他又深有算计、爱耍手段。这些引起不少人的不满。

这些反对蒋的人，情况并不相同，但共同的不满形成了一股合力。一种是在国民党内有一定资望或在社会上有一定声望的人士。蒋介石北伐时只有38岁，在党内的资历不算深，但当了国民革命军总司令后便不可一世，独断专行，他们自然深感不满。孙科、顾孟余等都是例子。所以蒋介石在日记中特别点了孙、顾两人的名。就国民革命军初建时的六个军而言，蒋介石是第一军军长，第二军军长谭延闿、第三军军长朱培德、第四军军长李济深、第六军军长程潜的资格都比蒋介石老，现在把蒋放在他们上面，要听其指挥，他们心中并不服气。

另一种是军队实力派，其中以唐生智对蒋最为不满和轻视。蒋介石是 1926 年 7 月 9 日就任国民革命军总司令并举行誓师典礼的，到 29 日才起程离开广州，8 月 11 日到已由北伐军前敌总指挥唐生智部收复的长沙。唐生智部是湘军主力，参加北伐前"所部名义上是一个师，实际上拥有 5 万人枪"。[①]他们在北伐军中占着相当大的比重，对两湖的情况又比较熟。蒋介石到长沙时，北伐军已向武汉进发。蒋赶往前线，指挥进攻武昌，由于直军刘玉春部坚守，进攻迟迟没有进展，更遭到轻视。9 月 6 日，唐部第八军在守军投降的情况下占领汉阳，控制极为重要的汉阳兵工厂，用该厂制造的大量武器弹药装备部队，第八军一下扩充成三个军，两湖地区实际控制在唐的手中。唐同蒋介石素无渊源，并对蒋颇为轻视。舆论认为："党军北伐，唐生智在两湖

---

① 唐生智：《关于北伐前后几件事的回忆》，全国政协文史资料委员会编《文史资料存稿选编》第 3 卷，中国文史出版社，2002，第 798 页。

树功独多。其人于党无深关系，而声名煊赫，意不肯下蒋。民党左派不无有挟以对抗蒋者，一时以巩固党权相号召，声浪遍于江汉。"① 蒋介石在9月初转向江西作战，既为进军江浙打开通路，也因为他在两湖难以立足。他在9月4日日记中写道："吾今竟处于四面楚歌、前后夹攻之境，耻辱悲怜、痛苦抑郁之情未有甚于此者也。最恨以下凌上、使人难堪也。如此奇辱，其能忘乎？"8日写道："接孟潇（唐生智）函，其意不愿意余在武昌，甚明也。"14日又写道："余决离鄂向赣，不再为冯妇矣，否则人格扫地殆尽。"②

还有一支重要力量，就是国民党内一批真正的革命左派，如宋庆龄、何香凝、邓演达、柳亚子等。他们痛恨蒋介石背弃孙中山遗教，反共、反俄、镇压工农运动和实行独裁统治。这是一支在群众中很有影响的力量。许多共产党人这时还以个人身份留在国民党甚至国民党的中央执行委员会内。中共领

---

① 《一周国内外大事述评》，《国闻周报》第4卷第10期，1927年3月20日。
② 《蒋介石日记》，1926年9月4、8、14日。

导下在湖南、湖北、江西、广东等地蓬勃发展着的工农运动，对蒋介石也构成巨大威胁。这几股情况不同的力量汇合在一起，进行了反蒋的党权运动。

蒋介石心目中的重点，始终在"肃清江浙、统一长江下游"。那里是他出生和成长的地方，也是中国最富庶、金融资本最集中的地区。在他看来，控制了这个地区，他最关心的经济和外交问题都可以得到解决；由于孙传芳的主力已在江西被击溃，进军沿途又可以招纳多批不属于孙传芳嫡系的军阀部队，大大增强他统率的兵力，成为他能自由指挥的新军阀部队，回头再来对付武汉方面的力量。舆论观察得很清楚："蒋介石于赣战定后，已变更其单纯之军事政策，积极着手于新政府之建设。"①

当然，对武汉的反蒋活动，蒋介石仍很关注。武汉掀起"提高党权"运动后，他在 2 月 16 日日记中写道："汉口党部对静江、膺白攻击，对余指责。一般党员之跨党者煽惑播弄，使本党不安。""事至于此，虽欲不放弃，而不得矣。" 17 日记：

---

① 《国内外一周间大事记》，《国闻周报》第 3 卷第 48 期，1926 年 12 月 12 日。

"汉口联席会定反革命罪各则,以及各种宣传,对余与静江兄攻击,几无完肤。名余为独裁制,名静(江)为昏庸。除CP(中共)以外,无一非反革命,必欲使我党党员各个击破殆尽。所恨者,本党党员谄奉卑污、趋炎附势、执迷不悟之徒,其罪恶比敌尤甚也。"18日记道:"顾某(指顾孟余)诋毁中正不遗余力。以宣传委员会名义,提倡党权,集中防制独裁制,我甚赞成,但……顾之言行,令人不得不疑其为CP之间谍。彼犹如此,则党尚能为乐?"[1]

蒋介石这时特别重视外交方面的关系,并且把矛头直指坚持反帝的北伐军总政治部主任邓演达。本来,北伐军得到苏俄多方面的支援。这时,蒋一再向英、日等示好。《盛京时报》载:"汉口电,国民政府汉口政治部主任邓演达,最近已将其权限极力消灭,以此观之,蒋介石之如何压制共产派以见好外人,当可明了矣云。汉口云,蒋介石十日发出保护外国人生命财产之布告……以后如有此等行为

---

[1] 《蒋介石日记》,1926年2月16、17、18日。

（指反帝活动）即重惩不贷。同时将布告原文送达汉口各领事，声请外国人如遇暴行，可立通告中国方面。一方面邓演达之权限亦被缩小，是则国民政府对外态度之缓和，于此可见矣。"①

国民党二届三中全会后，蒋介石3月11日记道："逸民（朱绍良）来谈武汉必归唐逆（指唐生智）所掌握也，可惜第四与第十一师（指第四军张发奎部）不能觉悟，革命前途至此绝望矣。"14日他记道："中央会议各种议案及被选上人大半非本党信徒，全为CP所操纵，党已非党矣，而妨碍军事，削夺兵权，无所不用其极，必欲使本党有历史之党员一人不留，必欲使国民革命破坏无余，其用心之险如此也。"可见全会这些决定是击中蒋介石要害的。22日他又记道："中正只知于革命有益，于本党主义能够实现，则无不可为之事。"②他已认定"无不可为之事"，就要随心所欲地下手了。

宁汉分裂之局已定。但蒋介石此时的关切重点

---

① 《蒋中正右倾态度》，《盛京时报》1927年2月20日，第2版。
② 《蒋介石日记》，1927年3月11、14、22日。

还在于先解决江浙军事问题。他在 1926 年 12 月 29
日任命白崇禧为东路军前敌总指挥，率 4 个师进入
浙江。本来不属于孙传芳部下的浙江地方军阀部队
纷纷投向北伐军。先是浙江省省长夏超率部反孙，
其部改编为北伐军第十八军，夏兵败被杀。12 月中
下旬，浙军第一师陈仪、第三师周凤岐部先后反孙，
两部改编为北伐军第十九军和第二十六军。孙传芳
余部已军心涣散。北伐军没有经过激烈战斗便在
1927 年 2 月 18 日进占杭州，随即向上海推进。第
二天，蒋介石在日记中写道："杭州占领，军事胜
利，沉闷忧患中聊作自慰。"① 21 日，白崇禧率部推
进到上海南郊龙华，第二天白对新闻记者发表谈话
时，仍称："国民革命军只知征服帝国主义者及资
本主义者，使其更换其帝国主义之政策与资本主义
之侵略，以达互相平等为主旨。至外人在上海之一
切生命财产，则吾侪须竭其力之所及以维护之保障
之，决不使其有丝毫之危险。至各国在上海所施之
一切不平等条约，自有国民政府依据已定之方案施

---

① 《蒋介石日记》，1927 年 2 月 19 日。

行之。"① 这是一个故意含糊其词的讲话，令人摸不清他们下一步会怎样行动。

另一路是由北伐军第六军程潜部和第二军鲁涤平部从赣北沿长江两岸向安徽东下。孙传芳方面的安徽总司令陈调元本在江苏齐燮元部任剿匪总司令，同孙传芳关系不深。陈资格很老，清末在湖北的陆军第三中学堂任教官，"该学堂学生中有唐生智、何应钦二人，遂隐伏下陈调元最后归附蒋介石的伏线"。② 蒋介石在南昌时，陈调元就多次派人同蒋接洽，北伐军一进入安徽，陈就改任北伐军北路军总指挥兼第三十七军军长，原芜湖镇守使王普为第二十七军军长，原湘军叶开鑫为新编第五军军长。国民党方面的战史也写道："自是，安庆及皖南地区，遂兵不血刃而定。"③ 北伐军第二军和第六军乘势而下，在3月23日攻克南京。这两个军都听命于武汉方面。蒋介石为了准备发动四一二政变，就把

---

① 黄嘉谟编《白崇禧将军北伐史料》，台北：中研院近代史研究所，1994，第38页。

② 杨文恺：《陈调元生平》，全国政协文史资料委员会编《中华文史资料库》第10卷，中国文史出版社，1996，第1696页。

③ 《北伐简史》，台北：正中书局，1970，第109页。

这两个军调出南京并部分消灭，而由新收编的湘军贺耀祖部接管南京。

整个局势已发展到"山雨欲来风满楼"的危急时刻。一场生死搏斗很快就将来临。中国共产党是怎样应对的？那时，中共成立还没有满 6 年。大多数领导成员很年轻，只有二三十岁，以往主要从事工人运动和学生运动，社会政治经验不足。由于军阀长期割据和混战，各地区联络不便，党在组织上相当松散。共产国际派来的顾问在决策和工作中往往起着决定性的作用。王若飞在 1943 年留下一段重要回忆："此时中国共产党的领导有三个中心：上海——陈独秀、（彭）述之、（瞿）秋白、CY 的（任）弼时、国际代表魏金斯基（维经斯基）。北京——李大钊、（赵）世炎、（陈）乔年、国际代表加拉罕。广东——陈延年、（周）恩来、（张）国焘、国际代表鲍罗廷、军事加伦。形式上各地都受中央领导，中央当时还作了一些工作，但许多问题是独立作主的。许多意见中央主张是不能到各地的，如陈独秀反对北伐，但并未影响到广东。北方大钊同志的意见是主要的。"[①]

拿早期的国共关系来看：先说北京，李大钊是最早经孙中山介绍以个人身份加入国民党的，是国民党一大代表，并被选为国民党中央执行委员。国民党的政治和军事根据地在广东，而李大钊是北大教授，平时在北京，主持北方党的工作，参与国民党方面的活动不多。加拉罕地位虽较高，但因担任苏俄驻中国公使，而北京又是北洋政府所在地和北洋军阀大本营，所以他不便过多参与国共有关活动。

广东是孙中山和国民党的活动中心。国民党在这里既有政权，又有军队。国共合作后，中共广东区委委员长先后由周恩来、陈延年担任，毛泽东、瞿秋白、张太雷、林祖涵（伯渠）、吴玉章、彭湃、谭平山等先后在这里工作，他们大多在国民党内担负重要职务。鲍罗廷来中国后经加拉罕向孙中山推荐，深得孙中山信任，被聘为国民党组织训练员、革命委员会顾问，帮助国民党

---

① 　王若飞：《关于大革命时期的中国共产党》，《近代史研究》1981 年
第 1 期。

改组，国民党一大前后不少重要文件是他起草的。广州国民政府成立，聘他为国民政府高等顾问，他在当时起着重要作用。

上海是中国共产党诞生地，也是一大至四大后中共中央所在地，陈独秀一直是主要领导人。这个时期内，中国民主革命纲领的制定、中国劳动组合书记部的建立和早期工人运动的开展、实行国共合作和共产党员可以个人身份参加国民党等，都是中共中央的决定。作为大革命高潮起点而席卷全国的五卅运动是在中共中央直接领导下展开的。在全党和全国有很大影响的《向导》周报由中共中央主办。维经斯基比鲍罗廷年轻9岁，共产国际在五四运动后不久批准俄共（布）远东地方委员会和处于地下状态的俄共（布）远东局海参崴支部的报告，派他从海参崴以"共产国际工作组"的名义于1920年4月来到中国。维经斯基先后会见李大钊、陈独秀，推动了中共的成立。① 维经斯基回莫斯科后，

---

① 《维经斯基在中国的有关资料》，中国社会科学出版社，1982，第460页；余世诚、张升善编著《杨明斋》，中共党史资料出版社，1988，第6页。

先在共产国际远东书记处、远东局工作，1923年又来中国，接替马林为共产国际驻中国代表。他的主张，和鲍罗廷有相同的地方，也有不同的地方，这增加了中国共产党决策时的复杂性。

谋定而动的阴谋

蒋介石"急于肃清江浙、统一长江下游",其中焦点是上海。不控制上海,他在经济、外交等方面的问题都无法根本解决。

上海是中国最大的工业城市和金融中心,也是中国工人阶级最集中的地方,是中共中央所在地。全市居民当时有 200 万人以上,多数住在公共租界和法租界内。那时,中共中央局委员只有 5 人。其中,蔡和森在苏联,瞿秋白和张国焘到广东开会后没有回来,留在上海主持工作的只有陈独秀、彭述之两人。北伐前夜,罗亦农、赵世炎先后调到上海,罗亦农担任上海区委书记,赵世炎担任上海区委组织部部长兼上海总工会党团书记。1926 年 12 月，又调周恩来到上海担任中央组织部秘书（部长由陈独秀兼任）和中央军委委员，负责党的军事工作。

中共中央在上海的军事工作主要是领导上海工人武装起义。当时北伐军正向江浙地区推进。上海工人武装起义一共有 3 次。前两次因为条件不成熟和准备不周，没有成功（周恩来那时还没有到上海）。1927 年 2 月 16 日，上海区委在罗亦农主持下召开区委第一次全体会议，区委会议记录道："蒋现为一切反革命派如黄郛、贺德霖等所包围"，"我们决坚决反对，拉住左派，现在左派中如邓演达、唐生智、徐谦、宋子文等都坚决反对"。蒋介石在南昌时已枪杀赣州总工会委员长陈赞贤，到安庆后又指使捣毁左派掌握的安徽省党部。上海区委对蒋介石的反共面目已有一定认识，讲到"蒋实反革命"，要"将蒋之罪状宣布，特别是工人阶级"，但仍把他看作"为一切反革命派如黄郛、贺德霖等所包围"，可见对蒋的认识仍很不足。[①] 至于把唐生

---

① 上海市档案馆编《上海工人三次武装起义》，上海人民出版社，1983，第118 页。

智、宋子文等看作"左派",也说明当时的认识很不清楚,以后就更明显地暴露出来。

当时的军事局势已发生很大变化,所部主力在江西溃败后孙传芳自知已无力支持,只得秘密到北京归附张作霖,担任张的安国军副总司令。奉系的直鲁军大举南下。孙传芳的嫡系部队军心不固,离心离德。孙所收编的浙江地方军阀更几乎全部投附北伐军。孙部已呈土崩瓦解之势。据报载:"鲁军骄慢,肆无忌惮,孙军将领颇为不慊,前敌司令孟昭月(孙传芳的嫡系将领)等不愿对鲁合作到底,竟于今晓脱逃无踪,所遗将卒,遽失所归,大部分已投降南军。"① 浙江战局急转直下。"浙战在一月以前,全系(孙传芳部)联军与(投诚北伐军的)浙军第一、三两师之直接作战。南军主力并未加入。"②

2月18日,北伐军进占杭州,迫近上海。中共

<hr />

① 《孟昭月遽尔脱逃 松江联军投降南军》,《盛京时报》1927年3月4日,第2版。

② 《三周间国内外大事叙评》,《国闻周报》第4卷第5期,1927年2月13日。

中央和上海区委随即召开联席会议，决定成立特别委员会来指导第三次工人武装起义。特委由陈独秀、罗亦农、周恩来、赵世炎等8人组成，确定周恩来为特别军委书记和武装起义总指挥。起义的武装力量主要是工人纠察队，共有5000人，还有自卫团、特别队等，从工人中选调当过兵、有过实际作战经验的党员为教员，进行初步的军事训练，还偷运来250支手枪。

那时，直鲁军毕庶澄部南下，已将原驻这里的孙军李宝章部撤离上海。毕庶澄部只有3000人，加上警察2000人，兵力并不强。毕部对环境又不熟悉，同地方势力缺少联系，军心很不稳。这对工人武装起义是有利的。

"自杭州不守消息到沪，沪上工人大为兴奋，由总工会宣布罢工。表面理由为反对英兵来沪，而实则乃为党军应声，意在迫孙军退出上海。从其意味观之，可谓超出于劳资问题之外，而纯政治上运动之参加。"[①] 21日中午，全市约80万工人宣布总

---

① 《一周间国内外大事叙评》，《国闻周报》第4卷第7期，1927年2月27日。

罢工，武装的工人纠察队随即出动，进攻的重点是
租界以外的各区警察局和毕庶澄部准备搭车撤退的
闸北火车站。毕部和警察局都无心抵抗，迅速溃散。
工人纠察队缴获大批枪支弹药，还有少量手榴弹和
轻机枪。同时宣布成立由共产党员、国民党员和当
地绅商组成的市民政府。

正当上海工人同军阀部队浴血奋战时，北伐军
白崇禧部推进到上海南郊的龙华。可是，白部就停
在那里，按兵不动作壁上观，只把具有重要军事价
值的江南兵工厂迅速抢占在手里，东路前敌总指挥
部也设在兵工厂内，这是他们最看重的地方。直到
工人纠察队占领闸北火车站，上海胜败大局已定，
白崇禧才挥师北上，进驻上海。

赵世炎在《向导》上发表文章，写道："三月
二十夕，国民革命军占领逼近上海之龙华。但国
民革命军预奉命令，令避免与上海租界帝国主义
武装之冲突。占领龙华后革命军的策略，尚欲纳
降拥有雄厚兵力的毕庶澄率领下之直鲁联军。"
"国民革命军预奉有令不攻上海，但上海的工人则

预有准备，夺取军阀的武装，为革命军占领上海。"① 起义胜利后，上海区委忙于筹组市民政府和工人纠察队。

蒋介石在 20 日从九江乘军舰东下。23 日，北伐军攻克南京。英美军舰借口溃兵游民的抢劫杀人暴行炮轰南京，制造南京惨案。26 日中午蒋到上海，先后同白崇禧、黄郛、吴稚晖谈。值得注意的是，上海金融界重要人物虞洽卿、陈光甫、钱新之当天就赶来相见。② 从蒋到上海刚半天立刻会见的这些人可以看出，他最迫切需要处理的是些什么问题。

蒋介石到上海后，由于他是国民革命军总司令，所以受到当地民众热烈欢迎。因为立足未稳，准备工作尚未做好，蒋未对时局表露明确态度。报载他到沪时，"态度严肃，当向欢迎者作简单之演讲，略谓沪地为全国最大商埠，军事外交均极重要，故特兼程来沪，办理一切善后，尚望同志一致努力。

---

① 施英（赵世炎）：《上海工人三月暴动纪实》，《向导》周报第 193 期，1927 年 4 月 6 日。

② 《蒋介石日记》，1927 年 3 月 26 日。

其余意见，容再详谈"。① 率领北伐军进入上海的白崇禧第二天在有罗亦农参加的 30 万群众大会上激昂慷慨地说："民众应即集中其势力，与国民革命军联合"，"因为一部分之势力，对付任何方面，是不可能的，集中全国革命的势力，应付一切，自易奏效"。这是刚进上海先稳住局面的说法，但下一天他就宣布上海戒严。布告先引蒋介石的命令称"现在军事时期，应取紧急处置，以维大局而遏乱萌"，接着称："查沪局粗定，人心浮动，反动份（分）子利用机会，希图引起纠纷，破坏大局，事势严重，自应即日宣布戒严，藉以维持治安，遏止暴动。凡我民众，应各体会此意，切勿逾越范围，任意行动，自取咎戾。"② 这些话已暗露杀机，为下一步武装镇压埋下伏笔。再下一天，蒋介石亲自致函已得到武汉政府认可的上海特别市临时市政府，要他们"暂缓办公，以待最后之决定"。③ 实际上就是通知他们

---

① 《蒋总司令昨日抵沪》，《民国日报》（上海）1927 年 3 月 27 日，第 4 版。

② 黄嘉谟编《白崇禧将军北伐史料》，第 43—45 页。

③ 《蒋总司令致临时市政府函》，《民国日报》（上海）1927 年 3 月 30 日，第 2 张第 1 版。

立刻停止活动。

中共上海特委对危险已有警觉。3 月 30 日，周恩来在特委会议上说："正（整）个的情形，他们对付我们已有预备。""白有密电致右派军官，要对抗武汉。将来他们对付武汉及解决上海只有凭武力。同时，对付民众只有如江西雇佣流氓。在安徽已联合大资产阶级、流氓群众联合，召集大会，蒋有代表出席。"① 蒋介石在四一二政变时依靠的正是军队和流氓。但年轻的缺乏经验的中国共产党这时只是在思想上有所认识，还不清楚应该如何有效地应对。

日本在北京办的《盛京时报》已有透露。该报 4 月 6 日载："蒋介石与银行公会及商工两会之借款契约完全成立，已于本日交付款项。"② 4 月 10 日载："蒋介石等对于共产派之苦的打（"苦的打"是法语音译，即"兵变"或"武装政变"——引者注）计划似已充分成熟。"③

但是，共产国际担心的是如何避免同蒋介石破

---

① 上海市档案馆编《上海工人三次武装起义》，第 436 页。
② 《蒋介石借款成功矣》，《盛京时报》1927 年 4 月 6 日，第 2 版。
③ 《蒋介石将行苦的打》，《盛京时报》1927 年 4 月 10 日，第 2 版。

裂。3月10日，联共（布）中央政治局决定由布哈林受共产国际委托致电鲍罗廷并转国民党中央、抄送中共中央，提出5条意见："（1）我们认为在中国南方建立两个中心、两个国民党、两个政府和因此建立两支军队的做法是危险的和不能容许的。（2）我们认为绝对有必要在武昌召开统一的国民党中央全会，蒋介石务必参加，国民党全体中央委员必须无条件服从国民党中央的一切决议。（3）我们认为国民党和中国共产党绝对需要密切合作，因为我们坚信，如果没有这种合作，中国就不可能摆脱帝国主义的压迫，联合成一个统一的国民革命的中国。（4）我们认为不久前蒋介石显然为讨好国民党右派所作的答记者问，是对国民党和中国革命的一个不能容许的分裂主义的打击。（5）我们认为国民党在武昌提出的同蒋介石合作的条件是正确的并能保证国民党的统一。"①

---

① 《联共（布）中央政治局会议第90号（特字第68号）记录（摘录）》，中共中央党史研究室第一研究部译《联共（布）、共产国际与中国国民革命运动（1926—1927）》（下），北京图书馆出版社，1998，第149—150页。

这份电报担心如果破坏同国民党和蒋介石的合作，就没有力量反对帝国主义。在共产国际看来，尽管蒋介石有反对革命的倾向，但客观上他还在进行着反对帝国主义的战争。事实上蒋已经下决心用极端的手段实行破裂，共产国际的判断完全不符合中国的实际情况，许多地方现在读起来有如痴人说梦，而当时却束缚住中国共产党人的手脚，成为造成中共在大革命中一系列严重右倾错误的重要根源。

4月1日，一向被看作国民党左派领袖的汪精卫从法国回到上海。他仍保有国民政府主席的身份。到上海当晚，他就同蒋介石长谈。上海《民国日报》报道："闻汪君表示：际兹革命尚未成功之时，本党全部应一致团结，俾蒋总司令得克竟军事全功，不宜或生他种枝节。"[①]

汪精卫在中山舰事件后离开广州去法国原是被蒋介石逼走的。他是国民政府主席，离国时只称因病请假，并未辞职，在国民党内仍有很高声誉和不小影响。谭延闿只是代理主席职务，蒋介石此时觉

---

① 《汪主席到沪后之热烈表示》，《民国日报》（上海）1927 年 4 月 5 日，第 2 张第 1 版。

得汪还有利用价值，想尽力拉拢。报载："蒋因于三日发拥汪电，致各将领，大意谓汪精卫同志回国，对党国大计，业经恳切晤谈。此后党务、政治负责有人，本人当专心军旅，所有军民财各政及外交，此后须在汪指挥下完全统一于中央，本人率各军一致服从。"① 蒋介石这段戏真是唱得有声有色，对此，汪精卫心中倒也明白。

其实，蒋介石反共以及同武汉分裂的决心早已下定，并且就要动手了。他在4月2日的日记中写道："下午会客，讨论共产党事。为本党计，非与之分裂不可也。"② 同一天，由吴稚晖首先出面致函国民党中央监察委员会要求查办共产党，信中说："现在汉口中央执行委员会，为共产党及附和共产党之各员奉俄国共产党煽动员鲍罗廷而盘据（踞），最近诸多怪谬之改变，乘北伐军攻坚肉搏之时，而肆其咎兵抑将之议，无非有意扰乱后防。""伏祈迅予公决，得咨交中央执行委员会非共产党委员及未

① 《一周间国内外大事述评》，《国闻周报》第4卷第13期，1927年4月10日。

② 《蒋介石日记》，1927年4月2日。

附逆之委员，临时讨论，可否出以非常之处置，护救非常之巨祸。"① 这打响了蒋介石公开发动"清党"的第一炮。

就在同一天，鲍罗廷在武汉国民党中央会议上说："蒋同志现在上海，已经形成一个反动中心，这一定失败的！""去年三月二十日事变的行为，也是不理中央，自己乱做。现在他在上海，对外对内各种情形，都走入反革命的路去，没法子使他能革命的。"② 双方对立，已经壁垒分明了。

4月5日，汪精卫、陈独秀却发表了一份《联合宣言》。此时此刻，发表这样一个《联合宣言》，确实起了很坏的作用。它一开始就写道："国民党、共产党同志们！此时我们的国民革命，虽然得到了胜利，我们的敌人，不但仍然大部分存在，并且还正在那里伺察我们的弱点，想乘机进攻，推翻我们

① 《吴敬恒致中央监察委员会请查办共产党函》，蒋永敬辑《北伐时期的政治史料——一九二七年的中国》，台北：正中书局，1981，第366—367页。
② 《在中国国民党中央执行委员会常务委员会第五次（扩大）会议上的发言》（1927年4月2日），《鲍罗廷在中国的有关资料》，中国社会科学出版社，1983，第197页。

的胜利，所以我们的团结，是时更非常必要。中国共产党坚决的承认，中国国民党及国民党的三民主义，在中国革命中毫无疑义的需要，只有不愿意中国革命向前进展的人，才想打倒国民党，才想打倒三民主义。中国共产党无论如何错误，也不至于主张打倒自己的友党，主张打倒我们敌人（帝国主义与军阀）素所反对之三民主义的国民党，使敌人称快。"文章最后写道："国共两党同志们，我们强大的敌人，不但想以武力对待我们，并且想以流言离间我们，以达其'以赤制赤'之计。我们应该站在革命的观点上，立即抛弃相互间的怀疑，不听信任何谣言，相互尊敬。事事开诚协商进行，政见即不尽同，根本必须一致。两党同志果能开诚合作，如弟兄般亲密，反间之言，自不获乘机而入也。"①

当时的历史情景：蒋介石磨刀霍霍，已经下决心准备进行血腥的大屠杀。对革命者来说，最重要的是百倍警觉，做好应对的准备。《联合宣言》的甜言蜜

---

① 《汪精卫陈独秀联合宣言》（1927年4月5日），中央统战部、中央档案馆编《中共中央第一次国内革命战争时期统一战线文件选编》，档案出版社，1991，第511—512页。

语，绝不会使蒋介石改变主意，放下屠刀，只会使革命队伍中少数人沉醉在"弟兄般亲密"的虚幻迷梦中，放弃警觉和戒备。《联合宣言》发表不久，汪精卫、陈独秀在4月上旬先后离开上海，来到武汉。

为什么汪精卫到上海后，5天内同蒋介石4次长谈，蒋在4月3日还"发拥汪通电"，但4月5日汪却不辞而去武汉？那天蒋还"往访精卫未晤"，宋子文来告，才知汪已去汉口。[①] 其中原因，除政治主张未取得一致外，更重要的是因为汪在谈话中看清蒋介石已大权独揽，他如留下也是徒具虚名而处于寄人篱下的窘境。汪精卫也是权力欲极强的人，且自视甚高，自然不满于徒得虚名而听蒋摆布。这一点，胡汉民的女儿胡木兰看得很清楚。她写道："蒋先生虽然发出拥护他的通电，事实上似乎也只是表面文章。在此情形之下，汪先生自然不可能舍弃其已经获得的合法领导地位和崇高的声望而在南京倚人篱下，另起炉灶的。"[②] 汪蒋各有盘算，在一定程度上直接推进了宁汉分裂。

---

① 《蒋介石日记》，1927年4月3、5日。
② 胡木兰：《回忆我的父亲》（14），复印件。

陈独秀来到武汉，中共中央就从上海移到武汉。李大钊于1927年4月27日在北京被奉系军阀杀害，年仅38岁。王若飞所说大革命早期"中国党的领导有三个中心"的现象不再存在。

由于中国局势越来越紧张，共产国际又特派印度人罗易代表共产国际到武汉，但是罗易和鲍罗廷的看法很不一致，使武汉的情况更复杂，中共中央在这种复杂环境下更难进行决策了。

蒋介石很快就动手了，那就是四一二政变。蒋历来最看重武力，四一二政变就从解除他最不放心的上海工人纠察队武装着手。工人纠察队经过连日苦战，用罗亦农的说法是"疲劳已极"。3月25日，周恩来向中共中央报告：白崇禧将蒋介石嫡系的刘峙部第二师调来闸北，"即将谋解决我们的纠察队"。4月6日，罗亦农在中共上海区委会议的报告中说："蒋与我们争斗的中心问题，为解决上总纠察队武装问题，他要取消上海工人在政治上的地位，此是国民党与共产党最后的决斗。"①

---

① 上海市档案馆编《上海工人三次武装起义》，第446页。

这时，上海的政治空气日趋紧张。东路军前敌总指挥部政治部从 4 月 9 日起每天在上海《民国日报》上以半版篇幅用大字刊登一句标语，如"打倒后方捣乱分子""由纯粹的国民党员来提高党权"之类。它虽不标明具体内容，但给人的强烈印象是：大事要发生了。

据上海总工会在 4 月 15 日所写报告："总工会之纠察队总数共有二千七百人，分驻闸北、吴淞、浦东、南市四地。""以八十万工友之组织保持不满三千人之武装，以为自卫，实有必要。"纠察队在上海工人第三次武装起义时曾从北洋军溃军手中缴得不少步枪、手榴弹等武器弹药，由工人纠察队集中保管。但纠察队员大多是产业工人，只在第三次武装起义前受过很短时间的军事训练，作战经验十分缺少。总工会的会所设在闸北的湖州会馆，纠察队总指挥处在离湖州会馆不远的商务印书馆俱乐部。

4 月 11 日深夜到 12 日凌晨，蒋介石终于从闸北的工人纠察队开始下手。其驻防闸北的部队是原浙军周凤岐部，该部投向北伐军后改编为国民革命军第二十六军。他们调驻闸北后，表面上对工人纠察队表示绝无恶意。11日深夜，突然有上海青洪帮黄金荣、杜月笙、张啸林手下的大批便衣党徒臂缠"工"字标志，手持盒子炮等，从租界冲出，向湖州会馆等处冲锋开枪。工人纠察队立刻奋起还击。这时，二十六军一部开到，先将前来攻打工人俱乐部的流氓缴械，有的还用绳索捆绑起来。工人纠察队看到这种情景不再怀疑，开门将二十六军放入。谁知军队一进门，领队军官就变了脸，说："他们的枪械已经缴了，你们的枪械也应该缴下才好。"①这时机关枪已经架起，猝不及防的工人纠察队被迫缴械。其他几处情况与此大同小异。

4月12日上午，总工会在闸北召开有10万人参加的群众大会。会后，整队赴宝山路二十六军二师师部请愿，要求立即释放被拘工友，交还纠察队枪械。队伍进行到宝山路三德里附近时，埋伏在里弄内的二十六军士兵突然奔出向群众开枪，接着又用机关枪向聚集在宝山路上的游行群众扫射，前后达十五六分钟，射弹至少有五六百发。民众因大队

① 《四一二大屠杀纪实》，《四一二反革命政变资料选编》，人民出版社，1987，第209、211页。

拥挤，道路不宽，无法退避，死亡100多人，伤者不计其数。这就是惨绝人寰的宝山路血案。

著名文化界人士、闸北居民郑振铎、胡愈之、周予同、吴觉农等7人当天给蔡元培、李石曾、吴稚晖等写信，详细描述他们目睹的惨剧，并在当天《时报》上发表。信的一开始就写道："自北伐军攻克江浙，上海市民方自庆幸得从奉鲁土匪军队下解放，不图昨日闸北，竟演空前之屠杀惨剧。受三民主义洗礼之军队，竟向徒手群众开枪轰击，伤毙至百余人。三一八案之段祺瑞卫队无此横暴，五卅案之英国刽子手，无此凶残，而我神圣之革命军人，乃竟忍心出之！此次事变，报纸纪载，因有所顾虑，语焉不详。弟等寓居闸北，目击其事，敢为先生等述之。"最后说："党国大计纷纭万端，非弟等所愿过问，惟睹此率兽食人之惨剧，则万难苟安缄默。弟等诚不愿见闸北数十万居民于遭李宝章、毕庶澄残杀之余，复在青天白日旗下，遭革命军队之屠戮，望先生等鉴而谅之。"① 他们都不是共产党员，只是

---

① 《胡愈之文集》第2卷，三联书店，1996，第171—172页。

本着赤诚的正义感，在这种令人窒息的空气下，不顾个人安危，毅然挺身直言，确实令人肃然起敬。

有一件事看起来很奇怪：四一二大屠杀这样震惊中外的大事，在蒋介石4月上半月日记中只有一处略见几笔，那就是13日下午所记"上海工团枪械已缴，颇有死伤"，① 其他都不见踪影，似乎蒋对此并不十分关心，也许还会使人误认为蒋介石对此事并未详加过问。其实这并不奇怪。蒋介石日记中没有记录，并不等于不是他细心策划和直接布置的。拿四一二大屠杀来说，因为他对此早有仔细筹划，已经胸有成竹，一切都在意料之中，不必再在自己日记中详加记载。这时，他要着重考虑的下一步，一是"清党"，一是在南京另立政府。

日本官方大声为这一事件喝彩。《盛京时报》载："最近蒋介石氏所采之极严厉手段，例若对于便衣队之讨伐，若对于纠察队之'苦的打'，若总工会暨其余各机关之搜检，皆是防范暴动、维持秩序之正当办法。"②

---

① 《蒋介石日记》，1927年4月13日。
② 傲霜庵：《论党军内讧》，《盛京时报》1927年4月16日，第1版。

四一二政变的消息传到武汉，汪精卫于次日慷慨陈词："我们要问问前敌的将（士），究竟愿不愿意杀工人。这样杀工人的事，是国民革命军的耻辱，这也是国民党的耻辱。若这样的耻辱不能洗除，我们不如不要国民党，不如不要国民革命军。"在正式讲话中，他说："兄弟到上海的第二天，看见许多国民革命军总司令部内的同志及几个中央执监委员，他们就有一个新口号，这个口号就是反共产。""兄弟可以证明，这种反共产的口号，实在就是反革命。""所以现在真正的革命分子，只有把反革命分子完全肃清，也再没有第二条出路了。""革命运动到了这样一个严重的时期，我相信革命势力一定会团结起来，打倒这些工贼，即使到了最后一个同志，我们的革命运动也必将得到最后的胜利。"① 汪精卫这番"肺腑之言"，力图营造出他真正国民党"左派"领袖的形象，但短短 3 个月后他就翻过脸来，"变"成完全相反的人。

　　4 月 15 日，蒋介石又向前跨出一步，以国民革

① 《省市两党部昨晚欢宴汪精卫同志志盛》，《汉口民国日报》1927 年 4 月 14 日，第 1 张第 1 页。

命军总司令名义正式发布"清党布告",内称:"照得此次中国国民党中央监察委员会举发共产党连同国民党内跨党之共产党员等有谋叛证据,请求中央执行委员会各委员在所在各地将首要各人就近知照公安局或军警机关,暂时分别看管监视,免予活动,致酿成不及阻止之叛乱行为,仍须和平待遇,以候中央执行委员会开全体大会处分等因。""本总司令职司讨伐,以维持地方秩序为最要。如有藉端扰动,有碍治安者,定当执法以绳其后也。"① 所谓"仍须和平待遇"不过是掩人耳目。在"清党"的旗号下,不知有多少共产党员和爱国志士惨死在屠刀之下。

在宣布"清党"后,对蒋介石来说最重要的是在南京另行成立"国民政府"。他很明白:"总司令"按理只能指挥军事,必须有"政府"才能统治全局。但在武汉已有"国民政府",在南京再建立一个"国民政府"需要有合法性,而且武汉手里的牌并不比南京少。蒋介石在4月15日日记中写道:

---

① 《蒋介石清党布告》,《四·一二反革命政变资料选编》,第247页。

"十时开中央全体会议未成，即开谈话会，讨论政府与中央成立手续。"① 谈话会当然不能对这样的重大问题做出决定。原来被蒋介石逐出广州、此时正蛰居上海的国民党元老胡汉民提出："中央常务委员会因不足法定人数不能开会，而政治党务急待进行，中央政治委员会委员到南京者已有八人，超过半数，请即日举行中央政治委员会主持一切。" 18日，政治委员会在南京举行第一次会议。国民政府常务委员 7 人，有胡汉民、张静江、古应芬、伍朝枢 4 人在南京，刚过半数。仿佛只要有个说法，就不管合法不合法了。于是，就由这个会议决定自行成立国民政府和中央党部，在第二天开始办公。

这样，宁汉双方全面分裂。但南京方面的实际力量仍很脆弱。当时伴随胡汉民的女儿胡木兰做过仔细计算：

当时在南京的国民政府常务委员虽然刚过半数，但本党中央委员则为数甚少。第二届中

---

① 《蒋介石日记》，1927 年 4 月 15 日。

央执行委员会的名额是三十六人，在南京者，仅有先父、蒋介石、柏文蔚、伍朝桓（枢）、戴季陶、李济深、甘乃光、李烈钧、萧佛成、古应芬（古应芬是中央监察委员，不是中央执行委员）等十人，候补执委二十三人，在南京方面者仅有周启刚、何应钦、缪斌、林超立（似无此人）等四人。柏文蔚、甘乃光和周启刚三先生不数日即他去。监察委员的名额是十二人，属于南京方面者，有吴稚晖、张静江、李石曾、蔡元培、邓泽如、古应芬、陈果夫等七人，候补监委八人，属于南京方面者仅有黄绍雄（竑—编者注）、李宗仁、李福林等三人，监察委员会所谓"到会三分之二"，乃系就以候补委员黄绍雄（竑）补王宠惠（此时已被开除党籍）遗缺后的人数而言。由此可见：以中央执行委员的人数计，武汉方面是占绝对多数的。

在军队方面，从广东出发的国民革命军也只有第一、第七两军是全部支持蒋先生的。留守广东的李济深虽然支持蒋先生，但其所统率的第四军则分裂为二。陈济棠师在广东，唯李之命是从；参加北伐卓著战绩的张发奎师（已扩充成军）则拥护武汉。另一师长陈铭枢不甘附共，由武汉前往南京，但其部队（亦已扩充为军）亦为张发奎先生兼领。在第一军方面，蒋先生在三月二十日中山舰事件后与鲍罗廷达致协议时，可能应允尽量任用跨党分子作政治工作人员，藉以换取鲍的支持，因而潜伏在该军的共党分子甚多。此时蒋先生才感到他赖以起家的"党军"并不完全可靠；于是乃由李宗仁先生的第七军进驻京沪，确保新都的安全。至于新由北洋军阀倒戈过来的许多军，虽然纷纷表示拥蒋；但他们对党对蒋均无深切的关系，其可靠的程度，自属有限。①

可见，从国民党方面的传统力量来说，南京并不比武汉占优势。它的优势主要在于控制沪宁后江浙金融资本的财力、北洋军阀部队纷纷投入的兵力、日英等支持的外力以及蒋的国民革命军总司令

① 胡木兰：《回忆我的父亲》(16)，复印件。

的名号。但北伐是在国民党和孙中山的旗号下进行的，蒋在国内乃至国民党内的资历和声望还不够。为什么在汪精卫回国五天内蒋要同他长谈四次，力争他仍以国民政府主席的名义投入南京？为什么当汪不辞而去武汉后蒋又要推出原来同自己并无渊源甚至相处并不和谐的胡汉民为南京国民政府主席？这些都并非源自蒋的主观意愿，而是他觉察到自己资历不够的不足之处而采取的措施。拉汪也好，推胡也好，目的无非要在人们心目中制造一种假象：南京政府代表了国民党的正统。当然，这些都是表面和一时的，用过后随时可以丢开。

4月17日，在南京的中央政治委员开会决定：从次日起，国民政府在南京办公；推胡汉民为国民政府委员会代理主席兼中央政治会议主席，以钮永建为国民政府秘书长。18日，南京国民政府成立。胡汉民在阅兵时发表演说："今天是我们继承总理的遗志，恢复总理手造之国民党党权，和国民政府定都南京的日子。我们在党的使命上，在过去几个月的军事战绩上，在目前国民革命的工作上，乃至在将来国民政府所负一切重大责任上，不能不从今天起更加认识恢复党权和统一指挥的重大意义。"①
他的重点还是着重突出南京政府代表着国民党的正
统，并且要把"党权"的口号从武汉方面争过来。
但是，"南京中央执行委员会全体会议因武汉方面
之委员不到，迄未开成"。② 南京国民政府只有一个
主席和一个秘书长，一时连一个部长也没有。武汉
国民党常务委员会在当天议决开除蒋介石党籍，免
去其国民革命军总司令等本兼各职，并通缉惩办。
这当然只是一纸空文，但却标志着宁汉正式分裂。

汪精卫一到武汉，立刻受到热烈欢迎，成为能
左右武汉政权的风云人物。当时由国民党左派掌握
的湖北省党部在 4 月 10 日已特别制定了欢迎汪精卫
的《宣传大纲》，说："我们高呼：汪精卫是革命
派！蒋介石是反革命派！欢迎革命的汪精卫！反对
反革命的蒋介石！国民党最忠实、最努力、最诚恳
的汪精卫同志，总理的真实信徒汪精卫同志，代表
民主主义的汪精卫同志——尤其是被压迫离职一年

① 《阅兵演说词》，《胡汉民先生文集》第 2 册，台北：国民党党史
　　会，1978，第 173 页。
② 郭廷以编著《中华民国史事日志》第 2 册，第 185 页。

了的汪精卫同志，全国民众所欢呼、全体同志所热望的汪精卫同志已到上海了，这是值得我们所欣喜的事。"①

汪精卫就在这天到达武汉。在汉口举行的欢迎大会上，"汪发表演说，高呼'革命的向左边来，不革命的滚出去'"。② 此后他的一系列讲话和表态，使武汉不少人更深信：汪精卫确实是坚决反对蒋介石反共政策的"左派"，是武汉国民党左派的领袖。

南京政府宣布成立之后，由汪精卫领衔的国民党中央执行委员、中央候补执监委员、国民政府委员、军事委员会委员（包括担任这些职务的共产党员）40人联名致电宣称："顷阅蒋中正巧日通电，知其已由反抗中央而进于自立中央。""于是一切帝国主义之工具，皆麇集于其旗帜之下，以从事反革命。一切革命分子，皆被以共产或勾结共产党之名，除之务尽。今已开始进行，将来必变本加厉。东南革命基础，由之崩坏。革

① 《湖北省党部欢迎汪精卫宣传大纲》，《汉口民国日报》1927年4月10日，第2张第1页。
② 郭廷以编著《中华民国史事日志》第2册，第180页。

命民众，将无噍类，凡我民众及我同志，尤其武装同志，如不认革命垂成之功，隳于蒋中正之手，惟有依照中央命令，去此总理之叛徒、本党之败类、民族之蟊贼，各国民革命军涤此厚辱。"[1]

中共中央也在4月20日发表宣言："中国共产党完全赞成国民党中央执行委员会之决议，罢免蒋介石国民革命军总司令、开除党籍和拿办的决定。""开除蒋介石党籍之后，蒋介石主义的根芽还可以在所有国民政府领土内找得着。这就是反动的社会阶级——地主土豪劣绅等，只有国民革命用激进的农民改革政策，才能消灭这些势力，使蒋介石主义衰弱下去。""这是推翻新军阀蒋介石，破坏他设立对抗的'国民政府'的企图，形成一个巩固的革命民主主义来对付与战胜帝国主义、军阀、封建、资产阶级的联合势力之最有效力的唯一方法。"[2]

这些批判是尖锐的，很多是正确的，但已经太

---

① 《中央委员会联名讨蒋》，《汉口民国日报》1927年4月22日，第1张第1页。
② 《中国共产党为蒋介石屠杀革命民众宣言》，《向导》周报第194期，1927年5月1日。

晚，没能及早剥夺蒋介石利用国民革命军总司令名义为政变所做的准备。蒋介石在 4 月 19 日的日记中嘲笑道："汉口伪部通电解除我兵权，未免太晚矣。"① 确实，如果早日解除他的总司令职务，情况会有所不同。更重要的问题是，口头批判的语言再激烈，在实际应对的行动上却意见不一、摇摆不定，白白耽误了 3 个多月认真总结经验、准备应变的时间。中共五大就是在这种状况下举行的。

---

① 《蒋介石日记》，1927 年 4 月 19 日。

四一二政变后各方的应对

中国共产党第五次全国代表大会是 1927 年 4 月 27 日至 5 月 9 日在武汉召开的。出席五大的代表共 82 人，代表党员 57967 人。这时正处在蒋介石发动四一二政变、实行"清党"、宁汉分裂的重要历史关头。代表们怀着困惑和焦急的心情，从北方以及广东、湖南、湖北、四川、江西、安徽、江浙等地赶到武汉，期待能为时局找到可行的出路。

但是，远在莫斯科的共产国际政治书记处已在 1 月 19 日就对中共五大作出指示："一切政治决议都完全应以共产国际执委会第七次扩大全会关于中国问题的决议为依据。""代表大会上要全面讨论共产党员如何能真正加入国民革命政府的问题；要特别有分寸地讨论中国共产党和国民党的关系问题和目前不宜加速建立国民党左派的问题，因为这可能导致国民党的实际分裂。"①

中共五大通过的第一个决议是《中国共产党接受〈共产国际执行委员会第七次扩大全体会议关于中国问题决议案〉之决议》。而共产国际这个决议案是在半年前的1926年11月底写的，怎么能"完全"成为已处在严重危机下的中共五大的"依据"呢？

不能说共产国际这个决议一无是处。它提到中国"半殖民地的地位"和"许多半封建的经济关系之余迹"，虽然谈得比较分散；它谈到中国现阶段的革命"是资产阶级民权革命的性质"，但会"成为过渡到非资本主义（社会主义）的发展"；它指出"在现时革命发展的过渡阶段里，土地问题开始紧张起来，成为现在局面的中心问题"。应该说，这些观点虽然还不成熟，仍有值得重视的理论价值，

---

① 《共产国际执行委员会政治书记处为举行中国共产党第五次代表大会给共产国际执委会代表们的指示》，中共中央党史研究室第一研究部译《联共（布）、共产国际与中国国民革命运动（1926—1927）》（下），第92页。

对后来人也有一定程度的启发。但当时中国革命正处在生死关头，代表们最迫切需要得到回答的是在当前这种危急时刻应该怎么办，出路在哪里，许多棘手的问题该怎样处理，迫切需要采取的行动是什么。根据共产国际这个决议所做出的种种决定，显然没有也不可能解决这些问题，而这恰恰是赶来参加大会的代表们最迫切期望得到明确回答的，因而他们对五大深感失望。

共产国际这个决议还存在一个根本缺陷和失误：对中国革命在广大下层民众中蕴藏的巨大的潜力认识不足，从而把更多的目光放在寻找和拉拢同盟者尤其是国民党方面，甚至因此不惜做出超越底线的妥协和让步，力求以此换得国共"联合"的继续维持。

决议特别看重小资产阶级的地位和作用，写道："小资产阶级（小资产阶级的智识分子，学生，手工业者，小商人等），在中国是革命的群众。他们从前演过重要的作用，此后也将如此。但他们不能独立行动的。他们必须或者依靠资产阶级或者依靠无产阶级。当资产阶级离开革命，或进而反对革命时，则被剥削的中等阶级，便将落在无产阶级的革命影响之下。这种情形之下，中国革命在现时阶段中的革命动力是：无产阶级、农民和小资产阶级的革命的联合，并且在这一联合之中，无产阶级是统率的动力。"[1]

蔡和森在《党的机会主义史》中写道："领导小资产阶级的原则是无可非难的，问题只在领导的政策和态度。"[2] 共产国际驻中国代表和中共中央先是错误地认为，蒋介石是"离开革命"并"进而反对革命"的资产阶级的代表，又错误地把汪精卫和武汉政府中有些只是对蒋介石有不满的人都看作"小资产阶级"的代表，生怕再得罪他们，认为现在既已失去资产阶级这个盟友，无论如何绝不能再失去小资产阶级这个盟友了。而理应成为"统率的动力"的无产阶级，一几乎没有军队，二没有政权，三对农民的力量和作用估计过低，没有将渴望得到土地的农民充分组织和武装起来。五大对这些

[1] 《共产国际执行委员会第七次扩大全体会议关于中国问题决议案》（1926年11月底），中央档案馆编《中共中央文件选集》第2册，第672—673页。

[2] 蔡和森：《党的机会主义史》，中央档案馆编《中共党史报告选编》，第96页。

问题没有正确的认识，不能坚持党在统一战线中的独立性，又怎么能真正发挥统率作用呢？结果，旧戏重演，过去是对蒋介石步步妥协退让，吃了大苦头，而今又对汪精卫和武汉政府步步妥协退让。

汪精卫心里很明白。5月4日，他以来宾的身份在中共五大上讲话说："国民党必须与共产党合作。有些同志说，反对帝国主义和军阀的斗争结束以后，共产党人会反叛国民党。国民党左派对此的回答是：如果国民党不遵循孙中山的三民主义走向社会主义，不仅共产党人而且孙中山的所有真正追随者都会转而反对国民党。总之，共产党人若反对国民党，则意味着自取灭亡。国民党若不遵循同共产党合作到底的方针，也会危及自己的政治生命。"[①] 不难看出，汪精卫来武汉到此时还没有满一个月，说话的调子已悄悄地发生了变化。这段话模棱两可，有软有硬，可进可退。其立场究竟如何，再过两个多月，便可见分晓。把他看作可靠的"左

---

① 汪精卫：《在中国共产党第五次全国代表大会上的讲话》（1927年5月4日），中共中央党史研究室、中央档案馆编《中国共产党第五次全国代表大会档案文献选编》，中共党史出版社，2015，第76页。

派"，那就看错了人。周恩来后来说："在武汉时，若以邓演达为中心，不以汪精卫为中心，会更好些，而当时我们不重视他。"①

中共四届中央执行委员、五届政治局委员李维汉是五大的重要当事人。他在晚年回忆中谈到五大时先肯定："这次大会分析了蒋介石叛变革命以后的政治形势，回顾了无产阶级同资产阶级争夺领导权的过程，指出了党在统一战线中忽略这个斗争，以及过去忽视或不重视土地问题和乡村民主政权的错误。"接着就着重指出应当引以为训的问题："这次大会并未能根本纠正以陈独秀为首的党中央的右倾错误，仍然坚持了只注重群众运动、忽视掌握军队领导权的错误。""对于建立我党直接掌握的军队的重要性、急迫性仍然缺乏认识。在政权问题上，大会虽然主张共产党参加国民政府和省政府，同国民党共同担负责任，共同担负政权，但同时又表示：'共产党加入国民党，参加国民政府工作，并非是以竞争者的态度要夺得政权。'这仍然是将自己置

_____

① 《周恩来选集》上卷，人民出版社，1980，第167页。

于在野党的地位，重复过去的错误观点。对于武汉国民党和武汉政权内部的阶级关系及其斗争，缺乏科学分析，仍然坚持联合的一手政策，没有被迫破裂的另一手准备。这些右的错误是继续导致革命失败的根本原因。"

他又说："'五大'是在蒋介石叛变以后，武汉国民党也即将分共的前夜召开的，政治局势已经十分险恶。'五大'不但没有对险象环生的局势作出清醒的估计，甚至有一种盲目乐观的情绪，简单地认为资产阶级脱离革命，不但不会削弱革命，反能减少革命发展的障碍。这种观点，导致我党中央把希望寄托在以唐生智等武装力量为支柱的武汉国民政府和武汉国民党中央身上，给以信赖和支持，到后来更是节节退让。'五大'以后，我党仍然不作两手准备，没有大力去抓武装，特别是不抓军队，而只是单纯地片面地强调纠正工农运动中的'左'倾幼稚病，以维持同武汉国民党、国民政府和国民党军事首领的联合。"①

---

① 李维汉：《回忆与研究》（上），中共党史资料出版社，1986，第110—111、113 页。

尽管吃了那么大的苦头，面对血的教训，中共仍然不能透彻地认清以往的教训，下最大决心弃旧图新，走一条新路。可见要在复杂的情况下从根本上确立一种正确的认识，实在不是容易的事情。这往往需要经过若干反复，甚至继续付出惨重的代价，而又不屈不挠地深刻反省和顽强探索，才能做到。总的说来，中共五大虽然在理论上有一些好的提法，但处在如此危急的历史关头，它仍没有解决并满足时局和党内的迫切需要。

　　在实际行动方面，武汉方面当时争议最大的问题是东进还是北上。东进，就是从武汉向南京、上海进军讨伐蒋介石。北上，就是从湖北向河南挺进，迎击正在南下的奉军主力，另行打开一个局面。

　　东进，趁蒋介石还没有完全站稳脚跟时对他进行讨伐，并为死难的烈士复仇，是许多共产党人的要求。四一二政变后不久，周恩来、赵世炎、罗亦农、陈延年、李立三等便向中共中央写意见书，要求迅速出师讨伐蒋介石。意见书写道："蒋氏之叛迹如此，苟再犹豫，图谋和缓或预备长期争斗，则蒋之东南政局将益固，与帝国主义关系将益深。"

"再不前进，则彼进我退，我方亦将为所动摇，政权领导尽将归之右派，是不仅使左派灰心，整个革命必根本失败无疑。"① 这时蒋介石在东南还立足未稳，南京方面的军队除第一、第七两军以外，几乎全是归附不久的地方军阀部队，内部矛盾重重，而武汉政府原处于正统地位，蒋介石的断然行动确有一定程度的冒险性。此时东进讨伐，尚有可为。

但武汉方面的主流意见是北上。北上，较量的对手同过去已有改变。本来，吴佩孚在两湖失败后移居郑州。他的地盘北自保定，南至武胜关。但他已没有战斗力较强的部队。副总司令靳云鹗又同他闹翻，去同已控制陕西的冯玉祥部联络。1927 年 2 月 8 日，张作霖通电："武汉不守，祸延长江。只以豫中系吴玉帅（吴佩孚）驻节之地，再三商询，自任反攻。我军虽切撄冠之请，并无飞渡之能，兵至直南而止。今时阅半年，未闻豫军进展一步，反攻之望完全断绝，长江上下将无完土。兹已分饬敝部前进，誓收武汉，进取粤湘。"② 这是北洋军阀间的

①　《周恩来选集》上卷，第 6—7 页。
②　陶菊隐：《吴佩孚传》，第 162 页。

内部矛盾。3月13日，奉军由张学良、韩麟春统率精锐部队渡过黄河，直入郑州。吴佩孚残部本已四分五裂，各寻出路。这样，武汉政府的北上，就成了进入河南同南下威胁武汉的奉军作战。

武汉政府第二期北伐的主张得到鲍罗廷的支持，但共产国际新派来的代表罗易表示反对，他主张就地进行土地革命，巩固既得的革命根据地，他将鲍罗廷的主张称为"西北学说"。

蔡和森将鲍罗廷主张"西北学说"的内容归纳为八点，主要的六条是："（1）帝国主义在东南的势力太大，谁到东南不是投降便是失败，远如太平天国，近如我们的四月十二及蒋介石之投降。所以东南不是革命的根据地。（2）西北帝国主义的势力薄弱，且又接近苏俄，故可为革命根据地。（3）东南是中国资产阶级势力的中心，蒋介石与我们正式决裂之后，对于武汉经济封锁，商业停止，汇兑不通，食料燃料日见恐慌。如不迅速北伐跑西北，即使蒋介石不打来，不到几星期，武汉政府在经济上也要自溃自倒。……（6）此时小资产阶级国民党领袖们对于经济封锁，武装干涉，社会普遍的不安与动摇正在忧惶万分，怎能再强迫其实行土地革命？如此只有使国民党离开我们，使左派与蒋介石妥协而与我们分裂。（7）唐生智靠不住了，非迅速北伐接出冯玉祥来牵制他不可。同冯玉祥到西北可以去开一新局面。（8）所以现在革命只有广出，土地革命只有打到北京后实行。"①

可以感觉得到：他们对东进已没有信心，因为对方有了帝国主义的支持和江浙财团的支持；奉军主力南下，无法置之不理；武汉内部各种力量矛盾重重；如何应对，方寸已乱。鲍罗廷的打算是：北上击退奉军后，在河南迎出从苏联回国不久、已控制陕西的冯玉祥所率西北军，打通同苏联的联系，再开创新的局面。对鲍罗廷和罗易的争论，蔡和森等的评论是：罗易有原则，无办法；鲍罗廷有办法，无原则。中共中央得听命于共产国际，但内部也展开了讨论。蔡和森叙述："后来独秀到了，再开正式会议讨论；独秀、述之、太雷是完全赞成老鲍的；平山、国焘仍主南伐；秋白仍是经过南京北伐，和

---

① 蔡和森：《党的机会主义史》，中央档案馆编《中共党史报告选编》，第99—100页。

森提出四个条件的北伐政纲。"① 结果，还是接受了鲍罗廷的方案。这基本上也就是武汉政府主张的第二期北伐。

4月19日，陈独秀从上海到达汉口那天，汪精卫、孙科都去迎接，武汉国民政府举行誓师北伐典礼。北伐主力是张发奎统率的第四军、第十一军和唐生智部第三十五军、第三十六军。奉系南下河南的是第三方面军军团长张学良统率的六个军和第四方面军军团长韩麟春统率的五个军。双方出动的都是精锐主力。对北伐军来说，尤以张发奎统率的两个军在战斗中贡献为大。

双方战斗最激烈的地区是河南上蔡、临颍一带。奉军武器装备好，有邹作华带领的炮兵，还有骑兵和坦克。但北伐军主力是北伐开始时就号称"铁军"的原第四军（包括独立团），共产党员多，士气高涨，作战勇猛。战斗异常激烈。5月28日，张发奎部以猛烈激战，攻克临颍。当年担任连指挥员的萧克回忆道："这一仗是北伐军在河南战场上打

---

① 蔡和森：《党的机会主义史》，中央档案馆编《中共党史报告选编》，第101页。

得最激烈的一仗。北伐军从东、南两面进攻临颖（颍）城，前仆后继，奋勇冲杀，不一日将奉军全部击败，但我军的伤亡也很大。"黄埔一期的优秀共产党员、时任团长的蒋先云在这次战役中牺牲。"战前，他向全团演说：'我团是新建立的，打仗有没有把握？'他肯定地说：'我觉得是有把握的。因为我有一条命去拼，有一腔血去流。'蒋先云在战斗中实现了自己的诺言，他身先士卒，直到阵亡。"[1] 这是河南战役中决定性的一仗。唐生智两个军在驻马店同奉军作战不利，但已无关全局。

这以后，奉军在河南便无力支持，又担心阎锡山归顺国民革命军后从娘子关东出切断奉军从京汉铁路北撤的退路。郑州据京汉、陇海两大铁路的交会点，又是唯一贯通豫中和豫北的黄河大铁桥所在地，位置极为重要。奉军第二十九军军长戢翼翘回忆道："五月中旬，我们在漯河、郾城一带与革命军激战，而冯玉祥的国民军果自陕西东出。守郑州的万福麟、高维岳两军不得不西上迎敌，郑州空虚。

---

① 《萧克回忆录》，解放军出版社，1997，第38—39页。

等到五月二十六日万福麟在洛阳败退，国民军由洛阳沿陇海路直攻郑州，郑州并无强大兵力抵御，于是奉军不得不自各线总退却，放弃郑州。"①

6月6日，汪精卫、谭延闿、唐生智、徐谦、顾孟余、孙科从武汉到郑州。9日，冯玉祥和在冯部军中的于右任、邓演达坐火车从潼关到郑州。汪精卫、谭延闿、唐生智等都到火车站迎接。冯玉祥回忆道："我背着把雨伞，穿着一身棉布褂裤，束一根腰带，下车一一握手。"② 双方从10日起进行会谈。武汉方面对这次会谈抱有极大希望，认为如果能得到冯玉祥的合作，在军事力量上便可以大大超过南京方面，并得以在西北打开局面。但冯玉祥最关心的是经济问题，提出要求武汉政府每月发给军饷300万元。汪精卫口头答应150万元，实际上只能给60万元，远远不能满足冯玉祥的要求。两年后冯玉祥回忆道："当时议决者，关于政治上，则任余为河南省政府主席及豫、陕、甘三省政治分会

---

① 《戢翼翘先生访问纪录》，台北：中研院近代史研究所，1985，第55页。

② 冯玉祥：《我的生活》（下），黑龙江人民出版社，1981，第557页。

主席；而关于军事者，陇海路以北、京汉路以东之敌，由第二集团军（原冯部国民军联军）担任防御。唐总指挥所部各军，一律撤回武汉，休养整顿。"[①] 会议到 11 日结束。

武汉政府在这次"第二期北伐"中做出了不小的牺牲，特别是上蔡、临颍之役。它得到了什么？河南给了冯玉祥。武汉政府继续北上的路被隔断，除解除奉军南下的威胁外，只应了一句老话：竹篮子打水一场空。更令武汉方面吃惊的是：郑州会议结束刚一个多星期，冯玉祥到徐州，同蒋介石和南京政府举行了徐州会议。

这次会议，是蒋介石主动推动实现的。6 月 3 日，他在日记中写道："郑州已为冯军占领，我军亦占领徐州，以后变局极难推测。"6 日，他致电冯玉祥，没有立刻得到答复。12 日，也就是郑州会议结束的第二天，大概冯玉祥的主意基本已定。蒋介石在次日日记中兴奋地写道："接焕章（冯玉祥）电，知其 9 日到郑。自此，彼将入漩涡矣。"但蒋对

---

① 《冯玉祥自传》，军事科学出版社，1988，第 106 页。

冯玉祥究竟持何种态度一时尚不了解，所以，14日"思索大局之处置"时还有"冯联共党以谋我"和"若冯不联共"两种估计。16日日记载："接焕章约余会于开封。"可见冯的态度仍有犹豫。最后定于徐州会见。19日，蒋介石先到徐州迎接冯玉祥，两人当天进行长谈。蒋介石在日记中写道："今之余与焕章相会，实为历史上得一新纪元也。"①

6月20日，南京方面的国民党中央委员胡汉民、吴稚晖、李石曾、李烈钧、张静江到徐州（李宗仁、白崇禧本在徐州）开会。冯玉祥日记中只有一句："决定清党及贯澈北伐大计，是所谓徐州会议也。"② 其实中间也有曲折。蒋介石20日日记："十一时会议，以余与冯联名通电北伐及取消武汉伪政府"，"冯未表示反对"。第二天日记："忽得冯不能履行昨日决议，不敢与余联名反对武汉也，殊甚骇异。膺白、石曾、协和（李烈钧）均往询其故，乃为经济未决也。余即允每月发二百万元，彼乃来开会，从新决议。其个人劝武汉政府取消，而

---

① 《蒋介石日记》，1927年6月3、13、14、16、19日。
② 《冯玉祥日记》第2册，江苏古籍出版社，1992，第336—337页。

与余联名通电北伐也。"① 冯玉祥以后写道:"本来武汉方面,希望我帮他们打蒋,蒋这方面希望我帮他们打武汉。但我说:'若是我们自己打起来,何以对得起孙中山先生,又何以对得住中国的人民!不论如何,我宁愿得罪你们,也不愿你们自己打。我恳求你们是共同北伐,先打倒我们的敌人,这是重要的事。'""会一散,蒋介石拿拟好了的一个电报稿给我看,就是继续共同北伐的通电。我和蒋介石都签了名。"② 徐州会议期间还有两件重要的事。一是经济问题确非有个结果不可。据说蒋除面允月发 200 万元外,还当即付银元 50 万元。这同武汉政府在经济上的窘迫不可同日而语。而蒋介石此时能如此阔绰,自然同江浙金融资本家的支持分不开。二是会后不久,冯蒋两人还结义为"如胞"把兄弟。冯玉祥后来在出版《我所认识的蒋介石》一书时,还将两人手写的谱书影印发表。

鲍罗廷的"西北学说",对从西北接出冯玉祥

---

① 《蒋介石日记》,1927 年 6 月 20、21 日。

② 冯玉祥:《我所认识的蒋介石》,黑龙江人民出版社,1980,第 10—11 页。

本抱有热切期望。冯玉祥态度突然变化，对武汉方面是绝大打击，使其陷入走投无路的境地，局势顿时改观，也促使冯同共产党的关系很快发生变化。

看起来仿佛很奇怪：冯玉祥在国内对奉战争中挫败后去苏联来回路程近四个月，日记中对苏联赞不绝口；回国时苏联给了他不少援助。中共党员刘伯坚同冯玉祥一起回国，被他任命为国民军联军政治部副部长。冯所筹备的中山军事学校主要领导职务都由共产党人担任，校长史可轩、副校长李林都是共产党员，邓小平回国后也在该校任政治处长兼政治教官，李大钊以往同冯玉祥有密切往来。冯还聘请苏联顾问团成员马斯曼诺夫为国民军联军政治军事顾问。为什么冯玉祥在徐州会议时会那样快地倒向蒋介石呢？其实这并不奇怪，主要原因有以下两条。

第一，很直接的原因还是经济问题。冯玉祥说："我们所感到的困难，主要地是在财政方面。"他们在出潼关东进河南以前，最重要的城市是刚由国民军联军解围的西安。"此间被刘镇华围攻八月之久，省城（西安——引者注）以外的地方，早被他搜刮得干干净净。省城以内，在围城期间，单说饿死的就有三万多人。富有者以油坊里豆渣饼充饥，一般人民则以树皮草根裹腹，到豆饼和树皮草根吃尽了的时候，就只有倒毙之一途。地方糜烂到这个地步，一时万难恢复，可是大军从五原、甘肃不断地集中到这里来，士兵中一百人中有九十九个是穿的破衣破鞋，面带菜色，同时政和党两方面也在急迫需钱。"他又说："我们一军在河南招募补充兵源，以费用匮乏，非常艰难。日日三令五申，还是办不出成绩。枪弹的补给，亦是没有办法的问题。新兵无枪，只好每人发给一把大刀，刀是当地定打的，比北平所制品质差得太远。又打大镐、铁锹和大斧，作为兵器。每日朝会讨论，总是说着'三粒子弹打到山海关'的口号，其实只是口号罢了。事实上怎么办得到？此外伤者病者没有医药，残废者没有人抬扶，死者连棺材也没有，只以布袋裹着埋葬，名之曰'革命棺'，言之真堪痛心。"[1]

　　冯玉祥的部队人数不少，训练又力求严格，但

---

① 　冯玉祥：《我的生活》（下），第 540、542 页。

财政经济状况已近乎饥不择食的地步。他在西安时，在这个问题上就对武汉政府有所不满，在 3 月 20 日日记中写道："武汉政府前允月助百万元，后改三十万元，谓我军已有陕、甘两省，亦足自给。岂知新病之余，亟须补充元气，西北灾祲之余，何能再事搜括。而以道路不通，即此三十万元，亦不能按月到手，殊为焦虑也。"① 到郑州会议时，武汉连每月 60 万元的军费都难以拿出，而蒋介石痛快地答应月给 200 万元并立刻拿出 50 万银元来。冯玉祥一下子就倒向南京方面的原因，由此多少可以明白。

第二，从更深层次来看，冯玉祥不是共产主义者，只能说是一个信奉孙中山三民主义的爱国军人。冯玉祥说："我在留俄的三个月内，接见了苏联朝野的许多人士：工人、农民、文人、妇孺以及军政界的领袖。从和这些人的会谈以及我自己对于革命理论与实践的潜心研究和考察的结果，深切地领悟到要想革命成功，非有鲜明的主义与参加为行动中心的党的组织不可。在我留俄的期中，我自己和国

① 《冯玉祥日记》第 2 册，第 306 页。

民军全体官兵，都正式登记加入了领导中国革命的国民党了。"① 当他率军从西安出潼关时，对欢迎者讲话说："中国民穷财尽，外受列强压迫，内受军阀蹂躏，此次本军出征，对外要取消不平等条约，还我自由，对内要扫除卖国军阀，重整山河。" 也就是说，他的目标也是"打倒列强除军阀"，或者说反对帝国主义，扫除军阀势力。在十多天前，他对人说："要将派别分清，最右派持升官发财主义，最左派偏重理想而忽略事实，二者皆所不取，惟有三民主义及中山遗嘱，所述中庸平正，适合中国之现状，应恪守勿违也。"② 这是他的基本政治态度。

所以在冯玉祥看来，武汉政府也好，南京政府也好，都是中国国民党，都在进行北伐战争，应该合作北伐，这是最重要的。他不愿意帮助武汉政府打南京，也不愿意帮助南京政府打武汉。但蒋介石在财政经济上给了他巨大支援，又同他结为盟兄弟，冯自然同南京方面的关系更密切了。

从武汉方面看，河南的政府和军事都已交给冯

---

① 冯玉祥：《我的生活》（下），第481页。
② 《冯玉祥日记》第2册，第325、329页。

玉祥，武汉的军队只有南撤，不再谈得上什么北伐。鲍罗廷的"西北学说"全部化为泡影。而东征的条件比以前蒋介石在江浙立足未稳时更加不利。

出路何在？对中国共产党来说，只有在两湖等工农运动蓬勃发展的地区深入开展土地革命，把广大贫苦农民充分发动、组织并武装起来。农民占全国人口的80%，只要正确领导，满足他们"耕者有其田"的渴望，引导其奋起抗争，这是一切反动势力无法压倒的巨大力量。但面对种种障碍，要做到这一点并不容易。

回顾一下，北伐开始以来，两湖、江西等地的农民运动迅速兴起并给北伐军巨大支持。拿湖南来说，1926年12月举行第一次全省工人代表大会和农民大会。大会《宣传纲要》写道："湖南农民在农民协会领导之下，参加革命，帮助政府做了许多政治上、军事上的工作，巩固了湖南。同时湖南农民在农协领导之下，为本身利益奋斗，与封建余孽土豪劣绅奋斗，他们的组织，遂在不断的奋斗的发展起来。在过去一年中，湖南农民加入农民协会的有六十余万（一说有一百二十余万——引者按），正式成立县农民协会者有二十五处，现在正在筹备组织县农民协会者八处，有农民运动的地方四十余县。"① 时任中共湖南区委书记的李维汉回忆道："一九二六年底，湖南农民逐步开展了减租减息的斗争，到一九二七年初，在农民革命已经推翻豪绅统治的地方，农民以各种方式提出了土地要求。"② 再者，湖北"至 1927 年 2 月上旬，全省 40 余县的部分区乡有农协组织，其中 20 余县成立了县农民协会，会员达 40 余万人"。③ 同年 3 月在武汉召开湖北全省第一次农民代表大会。

毛泽东这时在湖南做了 32 天考察，并在 3 月写了《湖南农民运动考察报告》。他给中共中央写了一个报告大纲，提出："党应当（一）以'农运好得很'的事实，纠正政府、国民党、社会各界一致的'农运糟得很'的议论。（二）以'贫农乃革命先锋'的事实，纠正各界一致的'痞子运动'、'惰农运动'的

---

① 湖南省博物馆编《湖南全省第一次工农代表大会日刊》，湖南人民出版社，1979，第 69 页。
② 李维汉：《回忆与研究》（上），第 105 页。
③ 《湖北省志》，"大事记"，湖北人民出版社，1990，第 310 页。

议论。（三）以从来没有什么联合战线存在的事实，纠正农运破坏了联合战线的议论。"①

这时，北伐军正在胜利进军，农民运动正在蓬勃发展。而社会上已有不少人以及国民党政府攻击农民运动发展过程中出现的一些情况为"农运糟得很"、"痞子运动"、破坏联合战线等，并开始采取各种错误处置。不驳倒这些错误议论，农民运动就谈不上进一步发展。因此，考察报告根据亲眼看到的事实，指出："农民的主要攻击目标是土豪劣绅，不法地主，旁及各种宗法的思想和制度，城里的贪官污吏，乡村的恶劣习惯。这个攻击的形势，简直是急风暴雨，顺之者存，违之者灭。其结果，把几千年封建地主的特权，打得个落花流水。"② 从而旗帜鲜明地提出"农民运动好得很"的石破天惊之论。

随着农民运动的发展，农民对解决土地问题的要求日益强烈，需要进一步提出更加明确而完整的目标。1927 年 3 月 10 日，国民党二届三中全会在汉口举行。会议主题是"提高党权"。中国国民党中央农

---

① 转引自李维汉《回忆与研究》（上），第 100 页。
② 《毛泽东选集》第 1 卷，第 14 页。

民运动委员会常委邓演达、毛泽东、陈克文三人在16日提出全会对农民宣言。宣言一开始就列了七个要点："一、中国国民革命运动最大目标在使农民解放。二、推翻封建地主阶级，使乡村政权移转到农民手上。三、农民须有保卫其自己利益的武装。四、政治斗争胜利之后，开始经济斗争。五、农民最后要求为获得土地。六、设立条件极低之贷款机关，以解决农民资本问题。七、本党领导农民合理斗争，使得到切实的解放。"[1]

这里不仅提出了"农民最后要求为获得土地"，并且提出农民所迫切需要的政权和武装问题，这是十分重要的。全会通过了这个宣言。27日，邓演达在农民运动扩大委员会上的报告中兴奋地说："中央第三次会议对于农民解放问题已有切实的议决案，这算是换了一个新的纪元。"他特别讲到农民武装的问题："要农民能够打倒劣绅，各县农民便都要武装起来。

---

[1] 《中国国民党第二届中执会第三次全会对农民宣言》（1927年3月16日），中国第二历史档案馆编《中国国民党第一、二次全国代表大会会议史料》（下），江苏古籍出版社，1986，第784页。

故农民武装问题，是一个重要的要求。"① 邓演达的态度是真诚的。但国民党中央关注的只是他们所说的"提高党权"，对农民问题根本没有认真对待。在会议通过的《全会宣言》中完全没有谈到农村问题，更不用说农民的土地要求。中央农民运动委员会只能发点议论，没有执行的权力。所说一切，最后都只能落空。

蒋介石发动四一二政变后，宁汉分裂，革命遭受严重损失。但形势逆转在另一方面又刺激了共产党内和不少革命群众在愤怒中思想情绪更趋激烈。拿工农运动来说，农村斗争的发展更加显著。

李立三回忆道："在（党的）五次大会时，湖南代表团坚决主张解决土地问题，因此组织了一个土地委员会讨论。湖南代表团主张没收土地，秋白是同意，但是独秀反对。土地决议案也就是根据国民党未公布的土地政纲，肥田五十亩，坏田一百亩以上才没收。并且有许多限制，如革命军人土地不没收等。""中央开会可以争论几天得不到结论。"②

① 梅日新、邓演超主编《邓演达文集新编》，第92—93页。
② 李立三：《党史报告》,中央档案馆编《中共党史报告选编》,第251页。

李维汉回忆："五大前，湖南代表团在长沙集中开了几次会，经过多次讨论，拟定了一个土地问题决议的提案，准备向大会提出。提案的内容大体是：'（一）先没收大地主的土地，先没收一百亩以上的，一百亩以下的不没收，自耕农不去扰及他。（二）到明年实行平均地权'。（引自夏曦《在国民党土地会议第一次扩大会议上的讲话》一九二七年四月十九日）毛泽东以全国农协临时执行委员会负责人的身份，也向大会提过一个土地问题的提案。这两个提案都未交大会讨论。我们曾向大会秘书长蔡和森查询原因，他说，国民党正在召开土地委员会讨论这个问题，我们党有关解决土地问题的意见，应与他们通过的决议一致，因而要等他们作出决议，所以湖南代表团的提案就不必在这次大会详加讨论。""国民党的土地委员会从四月上旬开会，直到五月六日才原则上作出没收反革命和大地主的土地，而在目前还只实行减租减息，地租不得超过百分之四十以上的规定。就是这样的一个决议，后来送交国民党中央讨论，也决定暂不公布，只是同意湖南可以搞个单行条例，可以先走一步进行经济没收。这些都未及实行，不久，湖南就发生了马日事变。"[1]

　　总之，农民问题的一切重大行动都得同国民党中央的决定和国民政府的法令保持一致，如果不经他们同意而采取行动，那就会损害同"小资产阶级"的关系，破坏"工人、农民、小资产阶级联盟"。于是，一切重大行动都只能不做，或者拖下去不了了之。局势已经成了一盘死棋："第二期北伐"的成果已经让给冯玉祥，不可能绕道前进；东进的条件，比原先蒋介石在江浙还没有站稳脚跟时更加不利，而且汪精卫、唐生智等的态度也越来越不可靠，不能抱多少希望；在两湖原地深入展开土地革命，又处在这种迟疑不决的状态。如果做不出果断的决定，闯出一条新路，等待着的确实只有失败乃至死亡。

---

[1] 李维汉：《回忆与研究》（上），第 107—108 页。

武汉向右转

同一时期，武汉地区的局势正在迅速恶化。首先是当地的经济状况已到了崩溃的边缘。本来，武汉的基础条件一向与江浙相差很大，这是大家熟知的。《国闻周报》做了这样一个比较："左方两湖岁入不过三千万，汉口市（当时汉口不包括在湖北省之内）收入至多一千万，江西千万，合之仅五千万。民党六省，仅广东一省可八千万，江浙连上海之关税及市政收入，亦可八千万（尚不只此），连其余各省总在二万万以外。以财力言，则迥不侔矣。"①

---

① 白云：《国共冲突之历史的考察》，《国闻周报》第 4 卷第 18 期，1927 年 5 月 15 日。

宁汉分裂后，武汉国民政府不仅不能像以前那样取得两湖和江西以外其他地区的财政收入，更严重的是，南京方面在西方列强支持下，对武汉进行严密封锁。4月20日，鲍罗廷在国民党中央会议上沉重地谈道："自从汉口中外交通断绝以来，失业工人的数目逐日增加，建筑工人失业的有四万，砖瓦制造工人失业的有两万，只这两项已六万之多！而因为来往的船只一天比一天少，码头工人失业的也是很多。""工人失业者既是这样多；铜元的价格又飞涨不已，所以工人的生活，实是困苦万状。同时，又有许多流氓、地痞、反动分子乘机扰乱，处处都有发生意外的可能。"[①] 这可不是无足轻重的情况。

6月22日，汪精卫在全国劳动大会报告中谈到政治情形时又说："第一便是经济困难，米价高涨，生活日用必需品时呈缺乏。在这种情形之下，武汉是很痛苦的。这完全属于反革命派蒋介石勾结帝国

① 《在中国国民党中央执行委员会政治委员会第十四次会议上的发言》（1927年4月20日），《鲍罗廷在中国的有关资料》，第204页。

主义，实行封锁武汉经济之所致。在蒋介石背叛以后，招商、三北两公司的轮船不能开放，英帝国主义的轮船当然也是停驶，因此第四方面军伤兵的医药和米的来源断绝了。曾向上海购买的药料，也给他们扣住了。他们又想尽种种方法来吸收我们的现金。如此则使我们所发行的票子变成了空头的票子，又把我们货物买去，看来是出口的好现象，其实他们货物买去了，却没有现金还回来。所以现在武汉工商业颓败，都是由于反动派勾结帝国主义等用经济封锁我们的结果。"① 它确实反映出当时的某些实际状况，尽管讲得不是那么准确。

武汉政府每月收入不到 200 万元，支出却达 1700 万元，被迫大量发行货币，导致物价更迅速上涨，民众生活更加困难。由于对方严密的经济封锁和内部种种矛盾，武汉大批企业商店关闭，失业人员大量增加，这也是社会生活中的大问题。李立三在当年 5 月底一份报告中写道："经工会登记在册的失业工人是 6—7 万，而真正失业工人总数约为

---

① 《汪精卫同志军事政治报告》，《汉口民国日报》1927 年 6 月 24 日，第 1 张第 1 页。

10 万。由于贸易停滞，失业者主要是装卸工人和运输工人。武汉有一个失业工人救济局，但是经费很少。"①

　　社会危机愈演愈烈。在南京政府和旧社会势力挑动下，武汉地区内武装叛乱接连发生：一次是杨森部进入宜昌，一次是夏斗寅部进攻武汉，一次是许克祥部发动"马日事变"。最后一次事变实际上同唐生智部将领有关。

　　杨森、夏斗寅的叛乱，其实是串通一起的。杨森是四川军阀中的重要一支，曾盘踞在川东重庆一带，同吴佩孚关系十分密切，吴被北伐军击溃后曾率卫队到杨部短期避难。以后，杨森也和四川其他各路地方武装一起先后投入北伐军，改编为国民革命军第二十军，驻防川东。夏斗寅原是湖北的地方部队，长期在湖南活动，后来被唐生智收编。北伐开始后改编为国民革命军独立第十四师，驻防宜昌，以防川军攻入鄂境。他们虽打起国民革命军的旗号，其实都还是封建的地方军阀势力。

---

① 《李立三关于武汉工人状况的报告》（1927 年 5 月底），A. B. 巴库林：《中国大革命武汉时期见闻录》，第 211 页。

当时"国民革命军总政治部主任邓演达等，以为必须及时对归顺革命的旧军队进行反封建性的民主改造，编发了《宣传纲要》，提出军队改造的几点要求"。"这个纲要颁行后，刚在夏部从事政治工作的革命干部，不仅大肆宣传，还打算积极推行。这就大大的触怒了夏斗寅，并引起对党代表和政工人员的疑忌和仇恨。""杨森部已从川东进入宜昌所属三斗坪，但与夏斗寅一样，对武汉革命政府改造旧部队的民主措施，也忌恨到了极点。"[1] 夏斗寅东进后，杨森部进驻宜昌。唐生智对夏斗寅也不满，有将他扣留撤换的打算。夏斗寅的老友蓝文蔚写道："适其时宁汉意见分歧，蒋介石得知夏处境困难，乃通过蒋作宾电夏斗寅一致反共。""夏这时派我亲往宜昌说服杨森，杨森表示立即停止对沙市的军事行动，相约杨军直趋仙桃镇。"[2]

夏斗寅部的叛变完全出乎武汉政府意料，连夏

① 韩浚：《讨伐夏斗寅、杨森叛乱亲历记》，《中华文史资料文库》第2卷，中国文史出版社，2002，第953页。
② 蓝文蔚：《我是怎样策动夏斗寅叛乱的》，全国政协文史资料委员会编《文史资料存稿选编》第3卷，第882页。

部士兵很多在上船东下时还不知道这次行动是干什么的。武汉部队主力正北上河南进行第二期北伐，同奉军在河南激战，后方空虚。5月17日，夏斗寅部坐船顺流东下进至武昌土地塘登岸，武汉震动。武汉卫戍司令叶挺率第二十四师，并将武汉军事政治学校、中央农民运动讲习所学员编成中央独立师，在纸坊迎敌，双方激战一天，夏斗寅全线败退撤往安徽，武汉转危为安。6月上旬，武汉政府抽调第二、第六、第八军各一部讨伐杨森部。6月24日，收复宜昌，杨部退回川东。

夏斗寅的叛乱刚被击退，驻长沙的第三十五军团长许克祥于5月21日深夜在长沙突然发动政变。第三十五军军长何键是唐生智的嫡系，反共最力。这和夏斗寅、杨森又有所不同。他们用军队捣毁由左派掌握的国民党湖南省党部、省农民协会、省总工会等，杀死20人左右，并将农会和工人纠察队全部缴械。21日的电报代码是"马"，人们通常称之为"马日事变"。

本来，共产党在湖南有相当力量，总工会和农民协会都有武装，而来进攻的许克祥部兵力有限。

但共产党对原来的"盟友"没有任何防范举措。许克祥事后这样描写道："事前对我准备铲除他们的情形，竟毫无所知，迄至我军向他们进攻，他们才由睡梦中惊醒，措手不及。"① 李立三在两年后痛心地指出，"这是因为许克祥是坚决的进攻，而党是很动摇，反革命势力坚决，革命力量动摇，自然是反革命胜利"。② 事变后，许克祥等接着成立"湖南救党委员会"，拒绝武汉政府派去进行查办的特别委员会成员前往长沙，并在湖南各地同地方团防局的势力联合起来，对农民协会进行反攻倒算，制造一起又一起的血案。这样，武汉已风声鹤唳。

反动社会势力反攻倒算的气焰日益高涨，他们采用手段之极端残忍和血腥，几乎令人难以想象。湖北的白色恐怖状况同样令人发指。《汉口民国日报》6 月 12 日、13 日连载全国农民协会和省农民协会在新闻记者招待会上的报告称："现在全省农民

---

① 许克祥：《马日铲共真相》，中国革命博物馆、湖南省博物馆编《马日事变资料》，人民出版社，1983，第 200 页。
② 李立三：《党史报告》，中央档案馆编《中共党史报告选编》，第 254 页。

完全陷在白色恐怖之中。以前阳新、沔阳、钟祥、监利、麻城、汉川各县的惨案，做农运同志已被杀去了数百。夏逆叛变以后更加厉害，每日告急请兵的至少有三四处。"这些县的土豪劣绅屠杀农民方法极其残酷。"阳新是用洋油淋着烧死，公安是用烧红了铁烙死，罗田是绑在树上用刀细割，再用砂砾在伤痕内揉擦致死。对女同志就将两乳割开并铁丝穿着赤体游行，钟祥是每一个同志杀二十余刀零碎割死。总计这样死的负责同志在夏逆叛变后在三四百以上，和死难的农民合计，就在三千以上。而且荆门、松滋、宜昌，仍在继续屠杀状态中"。① 这样血淋淋的叙述，在当时两湖地区竟已成到处发生的铁的事实。

18 日，沈雁冰在该报写了一篇《肃清各县的土豪劣绅》。他抑制不住自己感情说道："请翻开本报新闻来看吧！所有各县消息全是土豪劣绅捣毁党部、残杀民众的消息。在三星期以前，我们电各县特约通讯员，多注意各县的建设新闻，但是不幸各县只

---

① 《湖北农运之困难及最近策略（下）》，《汉口民国日报》1927 年 6 月 13 日，第 2 张第 3 页。

能供给我们那些悲惨的消息。湖北全省除四五县外已成了白色恐怖，已成立了土豪劣绅的政权，隐隐与国民政府的民主政权相抗衡，这不能不说是极严重的局面。""最近土豪劣绅的猖獗，完全是一种有组织有计划的反攻，他们的目的是再建土豪劣绅的政权，他们的目的是要国民政府让步到替他们压迫民众，承认他们的政权。这岂是我们所能容许的？"①

一场全局性的大逆转很快就要到来。但此时已决心大破裂的汪精卫还要再来一次很有欺骗性的表演。6月22日，他在第四次全国劳动大会上做报告时慷慨激昂地说："中国国民党的三民主义、三大政策，决定中国国民革命一定要向反帝国主义和非资本主义的路上走，这是每个三民主义的真正信徒所必取的道路。""我们要生死在一起，我们的利害甘苦都是一样。""我们的革命势力本来就是以工农为中心，同时也要顾虑到同盟者。现在中国国民党和中国共产党都在这一点上努力，外面的离间不足

---

① 雁冰：《肃清各县的土豪劣绅》，《汉口民国日报》1927年6月18日，第1张第1页。

听，我们的工友农民也不会受其愚弄。""反对帝国主义，使革命走上非资本主义的路上去，这是国民党左派依总理的遗嘱实行的。""最后，我还要竭诚告诉大家：每个国民党同志都是始终与工农同生死、共患难、共甘苦的。"① 说这些话时，离 7 月 15 日只剩二十来天了。

1927 年 7 月 15 日，在中国近代历史上是一个值得被记住的日子。这一天，持续了四年的第一次国共合作戛然而止，轰轰烈烈的大革命失败了，中国历史进入一个与此前不同的新阶段。

蒋介石发动四一二血腥屠杀，是第一次国共合作破裂的起点。但在武汉地区，这种合作还局部地保持着，不少人对它仍抱有期望，但从前面的叙述中可以看到，局势已在一天天坏下去，到了千钧一发的时刻。这个大变化是由汪精卫等用心策动的，又是客观历史发展的自然结果。

汪精卫是一个道地的野心家，善于做种种十分逼真的表演。他在国民党内有很高的资历和声望，

---

① 《汪精卫同志军事政治报告》，《汉口民国日报》1927 年 6 月 24 日，第 1 张第 1 页。

有着强烈的领袖欲。不少人曾经上过他的当，实际上他是个见风使舵的善变政客。1927年的"提高党权"运动中，不少人期望他能回国主政。他到上海摸清蒋介石更是个大权独揽的独裁者，就不告而别来到武汉。当他在武汉感到处境日益困难、难以支撑时，又翻脸反共，同蒋介石握手，指望多少仍能从中分一杯羹。这也是蒋介石当时所需要的。

汪精卫这种变脸，在郑州会议结束后决心下定，便表现得越来越明显。6月28日，《盛京时报》记者采访了他，在谈了军事问题后，"问：政治问题如何？答：吾等所持者为三民主义，非共产主义。但革命之途中，因有农民协会、总工会、商民协会等幼稚的过激行为，遂误解中央政府为采取过激政策，又事实上亦有此结果。现拟改组党内、农民协会、总工会，惟总须用改良手段，不用压迫手段也"。"问：湖南农民协会已过激化，资产家已被打倒者，非欤？答：因在革命途中，政府力量有所不及，亦不得已之事。惟政府已发布训令，极力取缔一切过激行动。问：在湖南方面，军队与农民相对峙，汉口大商店主人为店员所逐，店铺由店员管理，先生作何感想乎？答：以前固有此事，今已消灭矣。目下一切不使纠察队干涉。长沙事件由唐生智全权办理，不久当可解决。问：共产党势力如何？答：非法定机关，不过仅有意见交换之机关，不至直接影响政府之施政。问：党部、农民协会、总工会、商民协会之干部，闻大部分为共产党，是否属实？答：各机关虽有之，然无大势力。彼等无产阶级之仲裁理想，大约在辽远之将来也。问：农民协会、总工会等民间团体，何故如纠察队然，有武装之必要？答：今日以前之保卫团，为土豪劣绅之机关，若无自卫军，民意必压迫。惟纠察队本系纠察工人，不干涉工人以外之事。"① 为什么汪精卫在七一五前夜选择同日方报纸记者就这些敏感问题谈话，并且在日方报纸上公开发表，他需要借此向国外传递什么信息，是耐人寻味的。

武汉政府不少高层人士，也是这类人物。如当时十分活跃并且发表了许多激烈言论的孙科，《盛京时报》评论道："孙为人发言虽似甚激烈，实则

---

① 《汪兆铭谈郑州会议真相》，《盛京时报》1927 年 6 月 28 日，第 2 版。

乃一知机善变之圆通政客，决不肯澈底左倾。"[1] 再如主持武汉不少重要会议的谭延闿，《盛京时报》登了一段李烈钧对他的评论："谭同志呢，是一旧道德家，在一个团体里，是有益无害的。其在武汉乃不得而已。"[2] 这些评论是对武汉政府不少高层人士的生动写照。

到 7 月中旬，汪精卫认为对中国共产党下手的时机已到。吴玉章于 1928 年 5 月 30 日去莫斯科后写成《八一革命》一书，其中写道：

> 七月初，天天有在武汉重演长沙事变的谣言。中共中央为表示退让，自动将工人纠察队枪械缴与卫戍司令部，解散童子团。而彼等更进一步，明白主张国共分离。七月十四日汪精卫召集纯粹国民党中央执行委员共十四人，在他住宅开秘密会，讨论国共分离问题。汪报告说，共产国际代表乐易（罗易——引者注）曾

---

① 《宁汉两政府对峙之现势》，《盛京时报》1927 年 4 月 27 日，第 2 版。
② 《李烈钧对时局谈》，《盛京时报》1927 年 5 月 25 日，第 2 版。

将共产国际给中共训令给他看过，训令上要中共实行以下几件事：（1）国民党须从速改组，中共党部须加入新领袖，去掉旧的腐败的领袖；（2）农民运动仍须力图发展，土地问题由农民自动起来解决，不必待政府来解决；（3）旧式不好的军官兵士要力图淘汰，并于农民工人中选择四五万人，以练成良好的军队，内中须有一两万是共产党员；（4）以国民党资格较老的党员来组成裁判所，裁判不法军官及反革命者。……15日中央委员会议，属于共产党的中央委员已不出席了，盖汪精卫等已一致趋于反对方面，与蒋介石无异。……汪精卫拿共产国际给中国共产党的训令，作为共产党想消灭国民党的证据，究竟这个训令的内容是否像汪精卫所说的一样，如果大体不差，则共产国际是一种什么政策，这种政策和从前有无变更，这些疑问，不但国民党员和一般人要发生，即共产党员有重要责任的亦都莫明其妙，因为中共中央对于共产国际的一切指导文件，向来是很少通告党员的。曾有党员因这问题的发生，向中共中央要求一看训令原文，并要中央明白出来辩证汪精卫的曲解，但中央竟寻不出这个原文，也不出来申辩。[1]

1927 年 7 月 15 日下午 4 时至晚 8 时，中国国民党中央执行委员会第二届常务委员会第二十次扩大会议在汉口中央党部举行，出席会议的有谭延闿、汪精卫等 17 人，会议的速记录完整保存了下来。

会议先由汪精卫报告。他说："政治委员会主席团关于一件很重大的事，讨论甚久。""上月五日，就是主席团到郑州去的头一天，中央名誉主席、第三国际中央委员鲁依同志（罗易）约本席去谈话，拿出第三国际首领斯达林（斯大林）拍给他同鲍罗廷同志的电报交给本席看。本席看过之后，就说这件事很重要，要交政治委员会主席团看了再说。""这个电报中有五层意思，都是很利（厉）害的。"接着夹叙夹议地读了电报的译文。他的结论是："现在不是容共的问题，乃是将国民党变成共

---

① 吴玉章：《八一革命》，社会科学文献出版社，1991，第 41—43 页。

产党的问题。""若是丢开了三民主义，那就不是联俄，而是降俄了。"他提出："对于本党内的 CP 同志，应有处置的方法。"汪精卫讲完后，先由孙科、顾孟余分别作了长篇讲话。以后展开讨论。讨论中也有些不同看法。程潜主张："这个问题非常之大，不能不有相当的处置。本席主张开第四次全体会议，讨论政治委员会主席团所提出的意见，以解决纠纷。"于右任说："我们再不能随随便便的混了。要晓得共产党不能亡我们，我们自己不努力，那才是真真的亡了。"彭泽民说："即本党中共产分子为本党努力工作者更不乏人，如果不分良莠，一概拒绝，未免有些失当，此层似宜考虑。"最后，就一个月内开第四次中央执行委员会全体会议讨论政治委员会主席团所提意见进行表决，"中央执行委员出席者十二人，十人举手"。① 也就是说，经过选择的与会有表决权者中仍有两人不赞成这个决定，可惜没有记下他们的姓名。事实上，根本没有开什么二届四中全会，武汉的"分共"就实行了。第一次国共

① 《中国国民党中央执行委员会第二届常务委员会第二十次扩大会议速记录》（1927 年 7 月 15 日），速记复印件。

合作终于全面破裂。

但是，在国民党内还是有一些真正忠实于孙中山遗教的左派，如宋庆龄、邓演达、何香凝、柳亚子等。

孙中山夫人宋庆龄在七一五政变前一天发表严正声明："本党若干执行委员对孙中山的原则和政策所作的解释，在我看来，是违背了孙中山的意思和理想的。因此，对于本党新政策的执行，我将不再参加。""如果党内领袖不能贯彻他的政策，他们便不再是孙中山的真实信徒；党也就不再是革命的党，而不过是这个或那个军阀的工具而已。党就不成为一种为中国人民谋未来幸福的生气勃勃的力量，而会变为一部机器、一种压迫人民的工具、一条利用现在的奴隶制度而自肥的寄生虫。"①

邓演达在七一五政变前两天写了辞职书，17日在北京《晨报》上发表，其中说："中国革命之目的，在以三民主义为基础，而期完成农工政策。不

---

① 宋庆龄：《为抗议违反孙中山的革命原则和政策的声明》（1927年7月14日），中央统战部、中央档案馆编《中共中央第一次国内革命战争时期统一战线文件选编》，第529、532页。

意同志中有故意对此曲解者；有无视此旨而对农工阶级加以压迫者；有于倒蒋及实行北伐工作中，由中央执行委员中向蒋谋妥协、并与共产党相分离，而残杀工农者。是宁非吾党之大不幸耶？""此殊与予素愿相违，故不得不辞职让贤。"①

宋庆龄和邓演达的宣言在社会上产生了很重要的影响，尤其是宋庆龄作为孙中山夫人如此鲜明地指出党内领袖"不再是孙中山的真实信徒"，它所产生的社会影响不能小看。瞿秋白也曾说过，"孙邓宣言之发出"以及其他事实的教训，"所以我们党的宣言比较坚决"。②

第一次国共合作就这样完全破裂了。

---

① 梅日新、邓演超主编《邓演达文集新编》，第187页。
② 《中央常委代表瞿秋白的报告》，中共中央党史资料征集委员会、中央档案馆编《八七会议》，中共党史资料出版社，1986，第70页。

革命进入新时期

　　第一次国共合作的破裂，标志着大革命的失败，同时标志着中国共产党领导的土地革命这一新时期的开始。

　　对中国共产党来说，这时正处在生死关头。四一二反革命政变后，多少优秀的共产党人如陈延年、赵世炎等惨死在蒋介石的屠刀下，共产党员和革命群众的鲜血流成了河。此时此刻，如果稍有迟疑，后果不堪设想。在世界历史上不少革命运动在血腥屠杀下很长时间翻不过身来。当时双方力量特别是武装力量的对比极为悬殊，中共即使看到局势的极端危急，要下最大决心奋不顾身地坚决反抗，也不是容易的事情。如果犹豫不决，坐以待毙，那就意味着死亡。

"沧海横流，方显出英雄本色。"正如毛泽东在十多年后所说："中国共产党和中国人民并没有被吓倒，被征服，被杀绝。他们从地下爬起来，揩干净身上的血迹，掩埋好同伴的尸首，他们又继续战斗了。"①

七一五前几天，风声已越来越紧。7月12日，根据共产国际的指示，中共中央进行改组，由张国焘、李维汉、周恩来、李立三、张太雷组成中央临时常务委员会，陈独秀离开领导岗位。中共中央在《向导》周报最后一期发表对政局宣言，写道："中国共产党中央委员会，在这革命之危急存亡的时候，对于你们发表宣言，意思是要解释明白国民政府在反动阴谋之下的政局，以及本党为保持民众之革命胜利而奋斗的政策。""本党的观察，认为国民党中央及国民政府多数领袖的这种政策：——实足以使国民革命陷于澌灭。这种政策使武汉同化于南京，变成新式军阀的结合与纷争。……共产党永久与工

---

① 《毛泽东选集》第3卷，第1036页。

129

农民众共同奋斗，不顾任何巨大的牺牲——就在国民政府及国民党中央抛弃劳动民众的时候，亦是如此。"[1] 中国的历史很快就要揭开新的一页。要打破这种局面，出路只有一条，就是以武装的革命击破武装的反革命。

即便在国共合作期间，国民党当局始终对军事工作把得很紧：在军队中只容许共产党人做一点军队的政治工作（这些政治工作人员后来不少惨遭杀害），而不让他们直接带领军队。只有几个因特殊历史原因造成的例外。

一是叶挺能控制的张发奎部两个师。叶挺本是老资格的国民党员。当陈炯明武装叛变围攻孙中山的总统府时，总统府只有一个警卫团，团长陈可钰下辖三个营，营长分别是张发奎、薛岳、叶挺。此后，孙中山派叶挺去苏联学习，他在那里加入中国共产党。回国后，叶挺长期率领部队转战广东，屡立奇功，成为粤军名将。别人虽知他政治态度左倾，但在很长时间内未必知道他是共产党员。北伐时，

---

① 《中国共产党中央委员会对政局宣言》，《向导》第 201 期，1927 年
　 7 月 18 日。

他任国民革命军第四军独立团团长，直接由师长张发奎指挥。在他的部队里有不少共产党员。同吴佩孚作战时，他率领独立团在汀泗桥、贺胜桥两次关键性战役中发挥了极重要的作用。第四军被称为"铁军"，同他有很大关系。以后，张发奎指挥第四军和第十一军时，提升他为第二十四师师长，独立团团长由共产党员周士第接任。这支由共产党直接指挥、党在部队中影响很深又有很强战斗力的军队，是南昌起义的主力。

二是贺龙领导的国民革命军暂编第二十军。贺龙那时还不是共产党员。他是一个贫苦农民，在湘西带领起一支地方武装。由于他豪爽侠义、足智多谋、热爱民众，深得大众爱戴，有"两把菜刀闹革命"的美谈。随着带领的队伍不断扩大，他先后担任过支持孙中山的湘西护法军游击司令、团长、澧州镇守使等职。这时，同共产党员周逸群、夏曦等有了交往。北伐开始后，他参加国民革命军担任第九军第一师师长，在鄂西立有战功；又改任独立第十五师师长，周逸群任师政治部主任。贺龙受周逸群影响很大，曾对周说："我贺龙听共产党的。"武汉政府第二期北伐时，贺龙率部进入河南，在张发奎指挥下屡立战功。6 月中旬，独立第十五师扩编为暂编第二十军，贺龙任军长，周逸群任军政治部主任。回武汉后，贺龙对周恩来说："我一直追求能让工农大众过上好日子的政党。最后，我认定中国共产党是最好的，我服从共产党的领导。只要共产党相信我，我就别无所求了。"① 周逸群在这年 10 月 30 日的报告中写道："当时可为吾人所用者，惟二十军及十一军之一部分，但二十军在大冶时，其部下亦非常动摇。所幸其部下封建思想极浓厚，自师长以下莫不视贺龙为神人，故当时唯在利用贺之主张及言论以为宣传之资料。"②

三是朱德。他从云南陆军讲武堂毕业，在滇军当过旅长和云南省警务处处长兼省会警卫厅长。1922 年在德国由周恩来等介绍入党，大革命中曾任国民革命军第二十军党代表兼政治部主任，受到军长杨森疑忌。那时，驻守江西的是国民革命军第三

---

① 《贺龙传》，当代中国出版社，1993，第 85 页。
② 《周逸群报告——关于南昌起义的问题》，南昌八一纪念馆编《南昌起义》，中共党史资料出版社，1987，第 120 页。

军，军长朱培德和师长金汉鼎、王均都是他在云南讲武堂的同班同学。他去后，担任第三军军官教育团团长，后来又任南昌市公安局局长。朱培德反共后，朱德被"礼送出境"。南昌起义时，他仍从军官教育团拉出两个营。

还有两支部队：一支是国民革命军第二方面军总指挥部警卫团。这个团也是受张发奎指挥的。团长卢德铭是共产党员。他是由曾任师参谋长的张云逸向张发奎举荐而当上团长的。这个团本来准备参加南昌起义，因没有赶上而停留在湘赣边界。这支军队不久参加毛泽东领导的湘赣秋收起义，成为上井冈山作战部队中的骨干力量。另一支是中央军事政治学校武汉分校，邓演达是学校的代理校长，校内有不少共产党员，革命气氛很浓。七一五政变后，唐生智准备把它包围消灭。时任张发奎部第四军参谋长的秘密共产党员叶剑英，说服张发奎把它改编为第二方面军教导团，后来由叶兼任团长，成为这年12月广州起义的骨干力量。这几乎是当时中国共产党能直接领导或有很深影响并受过严格军事训练、富有作战经验的全部正规部队。

这时最重要的是要决心大、行动快。毛泽东在7月4日的中共中央政治局常委扩大会议上指出："不保存武力，则将来一到事变，我们即无办法。"事实证明，在当时那样危急局面下，如果不牢牢掌握住仅有的那一点军队，果断地行动，一旦有变，措手不及，必将造成不堪设想的灾难性后果。新成立的临时中央常委会决心下得很快。聂荣臻在回忆录中写道："举行南昌起义，是七月中旬中央在武汉开会决定的。我没有参加那次会议。那天晚上，恩来同志在会后到了军委，向在军委工作的几个同志进行了传达。他传达的大意是，国共分裂了，我们没有别的办法，只有起义。今天，中央会议上做了决定，要在南昌举行起义。恩来同志还说，会议决定组织前敌委员会，指定他为书记。"①

7月27日，周恩来来到还在国民党控制下的南昌。同一天，叶挺、贺龙的部队坐火车，通过抢修恢复的铁路，从九江陆续开到南昌。第二天，周恩来去看贺龙，把具体的行动计划告诉他。贺龙毫不

_____

① 《聂荣臻回忆录》（上），战士出版社，1983，第60页。

迟疑地回答："我完全听共产党的话，要我怎样干就怎样干。"①

　　起义前夜还发生过波折。叶挺在1928年曾写下这段经历：7月30日举行的起义军党团会上，"张国焘同志谓'国际代表的意见，谓我们的军事若无十分把握，便可将我们的同志退去（出）军队，去组织工农群众。'周恩来同志听着大怒，谓'国际代表和中央给我的任务是叫我来主持这个运动，现在给你的命令又如此，我不能负责了'"。"张国焘同志谓，这个运动，关系我们几千同志的生命，我们应当谨慎。最后由李立三同志解释，决议仍主张于一号发暴。"②

　　按原定计划，8月1日凌晨，起义的枪声打响。激烈的战斗进行了一整夜，歼敌3000多人，缴枪5000多支，还有数门大炮。起义获得成功。第二天，其他起义部队陆续赶到，兵力共2万多人。起

---

①　《周总理亲笔修改的"八一"起义宣传提纲》，中国社会科学院现代革命史研究室编《南昌起义资料》，人民出版社，1979，第2页。
②　叶挺：《南昌暴动至潮汕的失败》，南昌八一纪念馆编《南昌起义》，第139—140页。

义后怎样行动？中共中央早有决定：部队立即南下，占领广东，夺取海口，得到苏联直接援助，再举行第二次北伐。起义第三天，部队冒着酷暑，起程南下。中国共产党独立领导的革命武装斗争从此开始了。

中国共产党对军事工作的认识经历了一个过程。从中共成立到第一次国共合作还不满四年，1927年时，大多数领导人以往只从事过学生运动和工人运动，对农民运动只是初步做过一些，懂得军事工作、带过兵的人很少，也缺乏这方面的经验。大革命初期，特别是黄埔军校建立后，开始懂得军事的重要性，周恩来担任了黄埔军校的政治部主任，黄埔一期学生中的共产党员有徐向前、陈赓、左权、周士第等，还推动成立了大元帅府铁甲车队，那是叶挺独立团的前身；但这种认识还是初步的，军队还得接受国民党指挥，不是共产党独立领导的工农红军。南昌起义的部队与此有着根本性的区别。它只受共产党领导和指挥，没有其他任何政治势力可以插手。这样的军队以前从来没有过。

南昌起义军中将星如雨，新中国成立后的十位元帅中朱德、贺龙、刘伯承、聂荣臻、陈毅、林彪参加了南昌起义，叶剑英参与了起义前的商议，以后由于需要他继续隐蔽身份，于是随张发奎部南下。叶挺在1946年因飞机失事殉难，无法计算。在开国大将中，参加南昌起义的有粟裕、陈赓。一次武装起义集中了这么多优秀将领，恐怕没有能同它比拟的。1933年7月1日，以毛泽东为主席的中华苏维埃临时中央政府发布《中央政府关于"八一"纪念运动的决议》，"批准中央革命军事委员会的建议，规定以每年'八一'为中国工农红军纪念日"，因为"中国工农红军即由南昌暴动开始，逐渐在斗争中生长起来"。① 这里说得很明确，既然由中国共产党独立领导的工农红军建立和发展是从南昌起义"开始"的，自然应该把这一天称为建军节。南昌起义的历史意义由此可见。

南昌起义除了军事意义外，对当时整个局势和人心也产生重大影响。李立三写道："武汉革命时期，因为党的机会主义的领导，遂使革命受到严重

---

① 《中央政府关于"八一"纪念运动的决议》（1933年7月1日），中国社会科学院现代革命史研究室编《南昌起义资料》，第25页。

的失败。尤其是党受到莫大的打击，政治上已经走到绝路"，"当时的形势，党真有暂时瓦解消灭的可能"。① 正是在这种党内和革命者中不少人情绪低沉、不知所措、对未来抱着悲观和消极心态的时候，南昌起义的枪声、2万多人武装反抗的实际行动，使这些人在苦闷和迷惘中重燃希望，看到新的出路。国际代表罗明纳兹在随后召开的八七会议报告中说："直到八月初南昌事变起，于是才开始有一坚决的转机。如此，我们可以断定以后的情形一定与过去不同了，这是因为我们能坚决照革命路线上走。"② 这对中共领导革命重新奋起和生气勃勃地走上新的征途，无疑起着重要作用。

南昌起义，以实际行动纠正了过去的错误做法，开辟了新的前景，这是极重要的一步。接着，还需要从思想上和理论上总结过去失败的教训。隔了6天，中共中央在武汉召开中央紧急会议。因为是在

---

① 李立三：《一九二五年至一九二七年中国大革命的教训》，中央档案馆编《中共党史报告选编》，第311页。
② 《共产国际代表罗明纳兹的报告》，中共中央党史资料征集委员会、中央档案馆编《八七会议》，第51页。

8月7日举行的，所以被称为"八七会议"。它是在极端白色恐怖下的秘密环境中召开的，必须在一天内开完。这有个好处，参会人发言必须简明扼要，直奔要害。

8月12日，《中央通告第一号——八七会议的意义及组织党员讨论该会决议问题》指出："这次会议的重要意义在于纠正党的指导机关之机会主义倾向，给全党以新的精神，并且定出新的政策。"[①] 这种新精神和新政策的要点是什么？最重要的大概有三点。

第一，党的独立性问题。大革命时期，中国共产党众多党员以个人身份参加国民党，有些还担任了领导职务。这时党的独立性问题很大程度上表现为如何处理国共两党的关系。共产国际代表罗明纳兹在八七会议报告中着重讲道："对国民党的让步，甚至失掉了我们党自己的独立性。"[②]

独立性当然不是两党为各自利益争权夺利。中

---

① 《中央通告第一号——八七会议的意义及组织党员讨论该会决议问题》（1927年8月12日），中共中央党史资料征集委员会、中央档案馆《八七会议》，第117页。
② 《共产国际代表罗明纳兹的报告》，中共中央党史资料征集委员会、中央档案馆《八七会议》，第51页。

国共产党的初心是为中国人民谋幸福，为中华民族谋振兴。孙中山在国民党一大宣言中对三民主义重新做了解释。对民族主义，《宣言》指出："一则中国民族自求解放，二则中国境内各民族一律平等。"对民权主义，《宣言》强调："近世各国所谓民权制度，往往为资产阶级所专有，适成为压迫平民之工具。若国民党之民权主义，则为一般平民所共有，非少数者所得而私也。"对民生主义，《宣言》提出两条基本原则："平均地权"和"节制资本"。以后，他又提出要实行"耕者有其田"。这些原则符合中华民族的利益，也是共产党人的愿望。国共合作要坚持这些原则，对违反这些原则的，当然应该批评和反对。

合作难免会有不同意见，恰当的妥协和让步是可以的，但必须以不违背人民根本利益为前提，不能一味顺从而丧失自己的独立性。这是必须坚持的底线。但共产国际代表和中共中央当时一味妥协和退却。在广州时，对中山舰事件和"整理党务案"这样的严重反共活动，也因害怕破坏同国民党的关系而一一屈从。北伐开始后，又把蒋介石看作资产阶级代表，把汪精卫看作小资产阶级代表，生怕同他们搞坏关系而不断退却。八七会议上，蔡和森在发言中尖锐地指出："失败完全由于退守"。五大以后，"完全受了小资产阶级的影响而反对一切'过火'的运动。当时政治局以为小资产阶级动摇，我们孤立了，实则农民已跟我们来，我们何尝孤立？小资产阶级是全体的动摇吗？还是几个上层的领袖呢？政治局没有看清楚，所以当时政（治）局的呼声便是要对小资产阶级让步"。"直到以后，政治局的指导简直与国民党一样，并且还以小资产阶级几个上层领袖的意识为转移。"邓中夏说："第五次大会又把小资产阶级看得太高了。甚至将谭延闿、唐生智、孙科等等地主买办军阀都看成为小资产阶级了，这样还说什么土地革命呢？"毛泽东讲得更彻底："当时大家的根本观念都以为国民党是人家的，不知它是一架空房子等人去住。其后象新姑娘上花轿一样勉强挪到此空房去了，但始终无当此房子主人的决心。我认为这是一大错误。"①

---

① 《毛泽东关于共产国际代表报告的发言》《邓中夏关于共产国际代表报告的发言》《蔡和森关于共产国际代表报告的发言》，中共中央党史资料征集委员会、中央档案馆编《八七会议》，第57、59、61页。

党的独立性，由党独立地根据人民愿望和中国实际情况来提出意见并积极行动，而不是被别人牵着走，这是革命事业成功的关键。这个问题在八七会议上明确地被提出来了。

第二，土地革命问题。农民占中国人口的绝大多数。土地所有制的正确解决，是广大农民千百年来最强烈的渴望。这个问题得不到解决，其他讲得再漂亮都是空话。但封建土地所有制在中国已实行几千年，形形色色的当权人物几乎都同它有千丝万缕的联系。因此，真要下决心解决土地问题，面临的阻力不言而喻。

孙中山虽然提出"耕者有其田"的原则，但始终没有找到切实可行的具体办法。中国共产党历来的重要文件几乎都谈到农民问题，也一直没有取得实质性的进展。国民党左派邓演达对这个问题十分关心，提出过不少很好的主张，但总被国民党上层搁置不理，毫无声息地无疾而终。

八七会议把土地革命提到前所未有的突出地位。罗明纳兹报告中说："目前中国已进到土地革命时期。土地革命可以引中国革命到另一新的阶

142

段。"毛泽东在发言中讲到他写《湖南农民运动考察报告》前后的情况："农民要革命，接近农民的党也要革命，但上层的党部则不同了。当我未到长沙之先，对党完全站在地主方面的决议无由反对。及到长沙后仍无法答复此问题。直到在湖南住了三十多天，才完全改变了我的态度。我曾将我的意见在湖南作了一个报告，同时向中央也作了一个报告，但此报告在湖南生了影响，对中央则毫无影响。广大的党内党外的群众要革命，党的指导却不革命，实在有点反革命的嫌疑。"瞿秋白在会上报告说："现已全国反动，现在主要的是要从土地革命中造出新的力量来，我们的军（队）则完全是帮助土地革命。"①

第三，军事问题。毛泽东在发言中突出地谈了这个问题，这是罗明纳兹报告和其他人发言中没有着重谈到的。其中有一段名言："从前我们骂中山专做军事运动，我们则恰恰相反，不做军事运动专做民众运动。蒋、唐都是拿枪杆子起的，我们独不

① 《共产国际代表罗明纳兹的报告》《毛泽东关于共产国际代表报告的发言》《中央常委代表瞿秋白的报告》，中共中央党史资料征集委员会、中央档案馆编《八七会议》，第50、57、70页。

管。现在虽已注意，但仍无坚决的概念。比如秋收暴动非军事不可，此次会议应重视此问题，新政治局的常委要更加坚强起来注意此问题。湖南这次失败，可说完全由于书生主观的错误，以后要非常注意军事，须知政权是由枪杆子中取得的。"[①]

　　毛泽东批评过去"不做军事运动专做民众运动"，的确一针见血，切中要害。民众运动自然是重要的、应该做的，但不能"专做民众运动"。世界历史证明，没有正确的军事指挥，没有一支有着严密组织和丰富作战经验的军队作为骨干，是不能夺取政权的。拿湖南的农民运动来说，大革命初期它在全国无疑处于领先地位，开创了震动全国的壮阔局面。但共产党当时在湖南没有掌握一支强有力的正规军队，农民群众虽有着强烈的革命要求，但他们原来是分散的小生产者，又没有受过严格的军事训练，事变突然到来，便难以应对。以后20多年中，除同邻省边界地区形成过一些根据地外，再没有在全省范围内建立起有全国影响的大根据地。而

[①] 《毛泽东文集》第1卷，人民出版社，1993，第47页。

毛泽东带领上井冈山的队伍，有武汉第二方面军警卫团为骨干。朱德带领上山的南昌起义余部中，包括原叶挺独立团这支骨干。毛泽东后来对外宾说："我是一个知识分子，当一个小学教员，也没学过军事，怎么知道打仗呢？就是由于国民党搞白色恐怖，把工会、农会都打掉了，把五万共产党员杀了一大批，抓了一大批，我们才拿起枪来，上山打游击。"① 参加朱毛会师的谭震林回忆说："朱德、毛泽东井冈山会师，部队大了，我们才有力量打下永新。当然，在这之前打了茶陵、遂川，也占领了宁冈县城。那时不敢走远，因为国民党来上两个团我们就打不赢。可是朱毛会师后力量就大了。"② 这都是客观事实，是在实践中认识的。

党的独立性、土地革命、枪杆子里出政权，这是共产党领导中国革命中三个根本性问题。弄清了这三个问题，中国革命就大大跨前一步，进入土地

---

① 《毛泽东文集》第 8 卷，人民出版社，1999，第 378 页。

② 《谭震林同志的谈话》，全国党史资料征集工作会议、纪念中国共产党六十周年学术讨论会秘书处编《党史会议报告集》，中共中央党校出版社，1982，第 24 页。

革命和武装反抗国民党的新时期。但这三个问题并不是能轻易得到解决并取得共识的，更不是只靠几个人坐在房间里进行理论探讨就能得出结论的。一直要到大革命失败，中国共产党付出极其惨痛的代价，濒临全军覆没的边缘，全党才能在如此深刻的教训下，抛弃旧观念，走上一条新路。

人的正确思想从哪里来？只能从实践中来。巨大的历史灾难，如果能正确地对待，往往能给人留下刻骨铭心的教训，从而痛下决心走上一条新路。最困难的时候往往正是出现转机的时刻。

当然，即便是正确的认识也不可能一次完成，有时还会出现反复。八七会议既给革命带来历史性转折，但也有错误的地方：否认革命已处于低潮，以为革命重新高涨不但在最近时期内是可能的，而且是不可免的。这既同中国共产党内急于复兴大革命时期革命高潮的迫切心情有关，也同刚到不久的共产国际代表罗明纳兹对中国实际情况了解不够而过分急于求成有关。这以后，中共又先后出现过三次"左"倾错误，直到遵义会议和延安整风才得到根本解决。

历史总是充满矛盾。人们的认识总是在实践中才能不断发展。巨大的历史灾难通常会以历史的进步作为补偿，这正是历史辩证法告诉我们的。

附识：写于 2020 年三四月抗疫期间，时年90 岁。

图书在版编目（CIP）数据

1927：生死转折 / 金冲及著 . -- 北京：社会科学
文献出版社，2021.9（2024.10 重印）
ISBN 978 - 7 - 5201 - 8442 - 7

Ⅰ . ①1… Ⅱ . ①金… Ⅲ . ①中国历史 - 研究 -
1927 Ⅳ . ①K263.07

中国版本图书馆 CIP 数据核字（2021）第 173937 号

1927：生死转折

著　　者 / 金冲及

出 版 人 / 冀祥德
责任编辑 / 邵璐璐　石　岩
责任印制 / 王京美

出　　版 / 社会科学文献出版社·历史学分社（010）59367256
　　　　　地址：北京市北三环中路甲 29 号院华龙大厦　邮编：100029
　　　　　网址：www.ssap.com.cn
发　　行 / 社会科学文献出版社（010）59367028
印　　装 / 三河市东方印刷有限公司

规　　格 / 开　本：787mm × 1092mm　1/32
　　　　　印　张：4.875　字　数：67 千字
版　　次 / 2021 年 9 月第 1 版　2024 年 10 月第 4 次印刷
书　　号 / ISBN 978 - 7 - 5201 - 8442 - 7
定　　价 / 42.00 元

读者服务电话：4008918866